치매 예방을 위한

오늘도 재밌는 뇌운동

종이 오리기 / 스티커 붙이기

숨은그림찾기
현대민화 나

도서출판 큰그림

치매 예방을 위한
오늘도 재밌는 뇌운동 — 숨은그림찾기 현대민화

초판 발행 · 2025년 7월 8일

지은이 큰그림 편집부
숨은그림 유선영
펴낸이 이강실
펴낸곳 도서출판 큰그림
등 록 제2018-000090호
주 소 서울시 마포구 양화로 133 서교타워 1703호
전 화 02-849-5069
팩 스 02-6004-5970
이메일 big_picture_41@naver.com

기 획 이강실
교정교열 김선미
디 자 인 예다움
인쇄와 제본 미래피앤피

가 격 12,000원
ISBN 979-11-90976-35-0 (13710)

- 잘못된 책은 구입한 서점에서 바꿔 드립니다.
- 이 책의 저작권은 도서출판 큰그림에 있으므로 실린 글과 그림을 무단으로 복사, 복제, 배포하는 것은 저작권자의 권리를 침해하는 것입니다.

　우리나라 75세 이상의 인구 중 평균 4개 이상의 만성질환을 갖고 있는 분들이 많습니다. 노인의 경우 통증과 피로감으로 걱정이 많기 때문에 신체증상장애(정신 활동, 심리 상태와 관련하여 발생하게 되는 신체 증세)가 흔히 일어날 수도 있습니다. 그리고 치매, 요실금, 영양 실조, 수면장애 등 여러 질병에 노출될 수도 있습니다.

　지금은 100세 시대입니다. 조금 더 건강한 삶을 살 수 있도록 매일 아침 가벼운 운동인 '보훈공단이 알려주는 치매 예방을 위한 **5분 건강체조**'로 몸을 깨워 주세요.

　그리고 「**오늘도 재밌는 뇌운동**」으로 매일 쉽고 재밌는 문제도 풀고 숨은 그림도 찾으면서 두뇌를 움직여 주세요. 건강을 유지하는 방법은 여러 가지가 있겠지만, 위와 같은 꾸준한 움직임은 여러분 몸에 도움을 줄 수 있습니다.

큰그림 편집부 올림

보훈공단이 알려주는 치매 예방을 위한 5분 건강체조로 하루를 시작하세요.

❶ 팔 운동
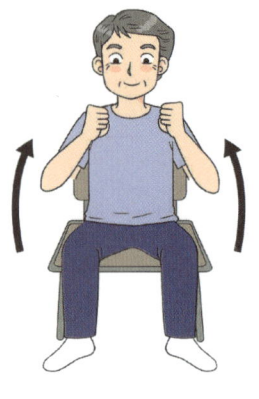

❷ 다리 운동
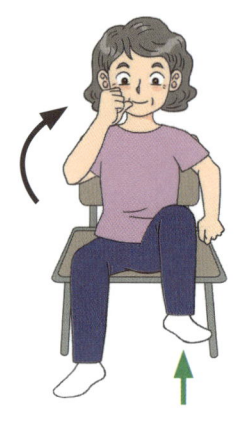

❸ 옆구리 운동
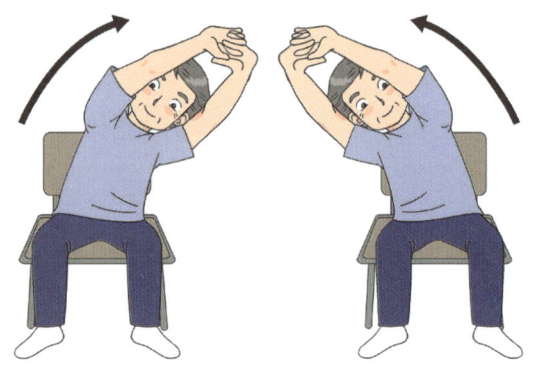

❹ 허리 운동
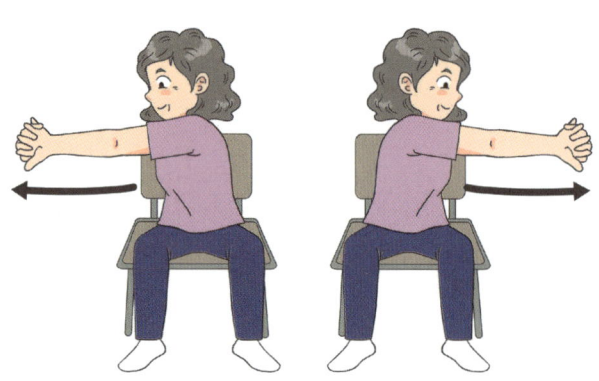

❺ 어깨 운동

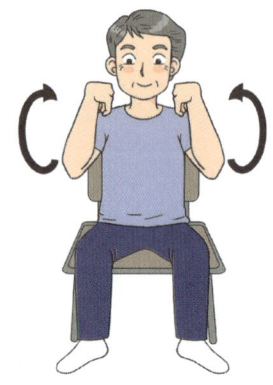

❻ 목 운동

❼ 배치기

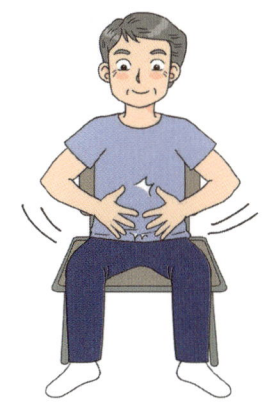

❽ 발박수

❾ 발장구치기

 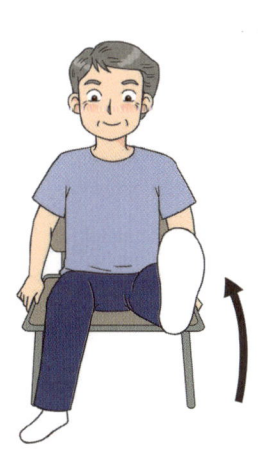

❿ 기지개 켜기

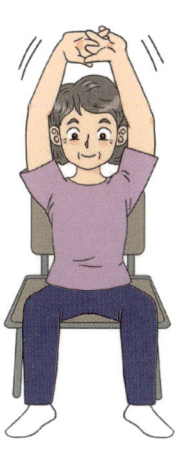

⓫ 손가락 운동

 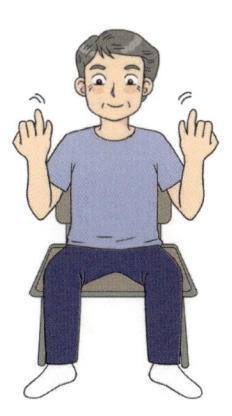

⓬ 숨쉬기 운동

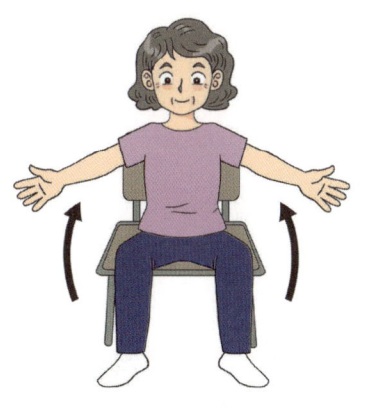 

차례

매일 5분 건강체조 … 4
01 스티커 붙이기 … 8
02 숨은그림찾기 현대민화 … 12
03 스티커 붙이기 … 16
04 숨은그림찾기 현대민화 … 20
05 스티커 붙이기 … 24
06 숨은그림찾기 현대민화 … 28
07 스티커 붙이기 … 32
08 숨은그림찾기 현대민화 … 36
09 스티커 붙이기 … 40
10 숨은그림찾기 현대민화 … 44
11 스티커 붙이기 … 48
12 숨은그림찾기 현대민화 … 52
13 스티커 붙이기 … 56
14 숨은그림찾기 현대민화 … 60
15 스티커 붙이기 … 64
16 숨은그림찾기 현대민화 … 68
17 스티커 붙이기 … 72
18 숨은그림찾기 현대민화 … 76
19 스티커 붙이기 … 80
20 숨은그림찾기 현대민화 … 84
정답 … 90
종이 오리기 붙임 부록 … 113
스티커 … 129

※ **색연필, 가위**를 준비해 주세요.

※ 「종이 오리기」 코너는 113~128쪽의 색종이를 붙임 번호대로 준비한 후 순서에 맞춰 접어서 오리면 모양이 완성됩니다.

※ 「스티커 붙이기」 코너에서는 책 뒤에서 같은 숫자가 적힌 색깔 스티커를 준비한 후 알맞은 도형을 찾아 칸에 붙여 주면 완성됩니다.

오늘도 재밌는 뇌운동

숨은그림찾기
현대민화 나

01
빈칸에 적힌 숫자를 보고, 책의 뒤에서 같은 숫자가 적힌 색깔과 도형의 스티커를 찾은 다음 위치에 붙여 주면 그림이 완성됩니다.

❁ 부록 113쪽에 있는 붙임 1 을 준비해 주세요.
종이 뒷면의 순서대로 접은 후 가위로 오려 주세요.

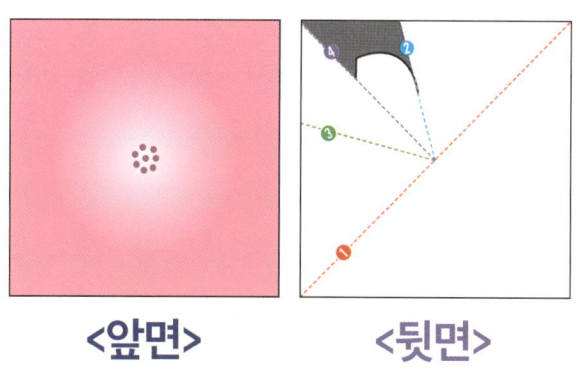

<앞면>   <뒷면>

❶ 뒷면의 빨간색 점선을 따라 반으로 접어 주세요.

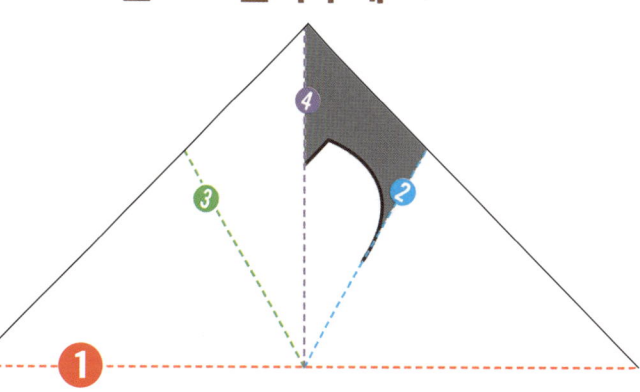

❷ 파란색 점선을 접어 주세요.

❸ 초록색 점선을 접어 주세요.

❹ 보라색 점선을 따라 반으로 접어 주세요.

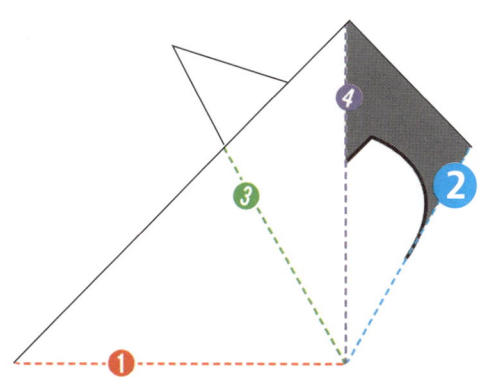
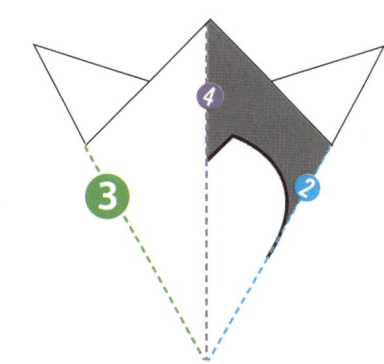
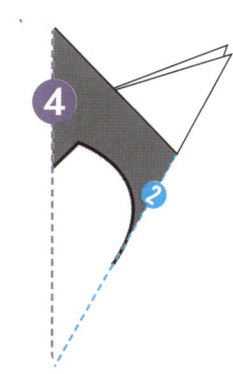

❺ 검은 선을 따라 오려 주세요.

❻ 펼치면 완성됩니다.

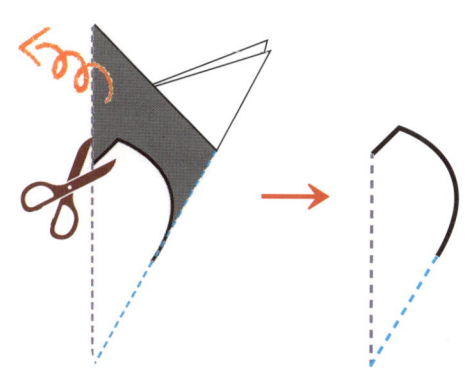

✿ 〈보기〉와 같은 그림을 찾아 동그라미표 해 보세요.

보기

❋ 여러분의 인생을 회상해 보는 시간입니다.
질문에 답해 주세요. (정답은 없습니다.)

- 태어난 장소는?

  (예) 지역, 집 또는 병원

- 당신의 띠는?

  (예) 토끼띠

- 당신의 부모님 성함은?

  아버지: 어머니:

숨은 그림 **7**개를 찾아 보세요.

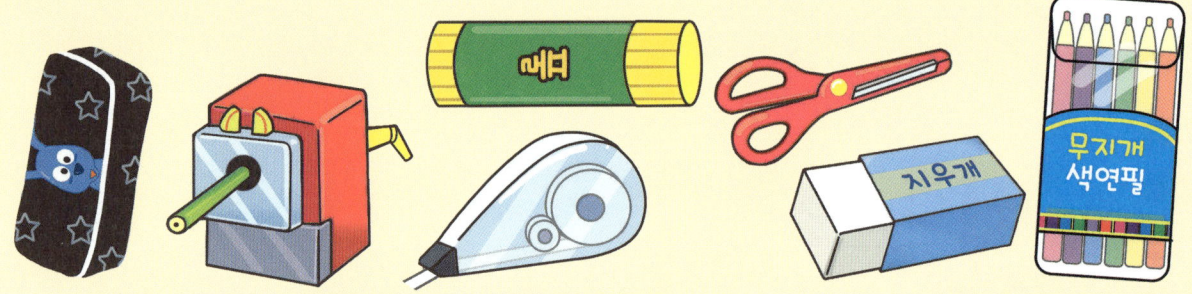

🌸 부록 113쪽에 있는 붙임 2 를 준비해 주세요.
종이 뒷면의 순서대로 접은 후 가위로 오려 주세요.

<앞면>

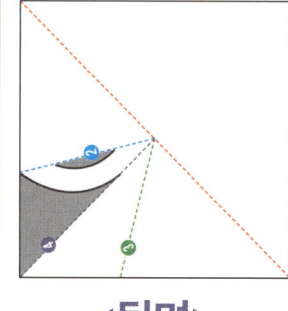
<뒷면>

❶ 뒷면의 빨간색 점선을 따라 반으로 접어 주세요.

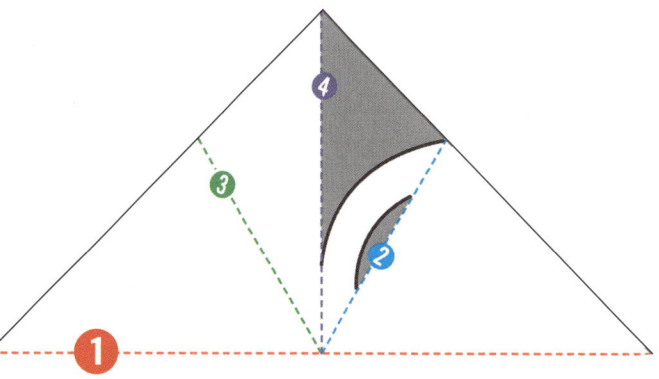

❷ 파란색 점선을 접어 주세요.

❸ 초록색 점선을 접어 주세요.

❹ 보라색 점선을 따라 반으로 접어 주세요.

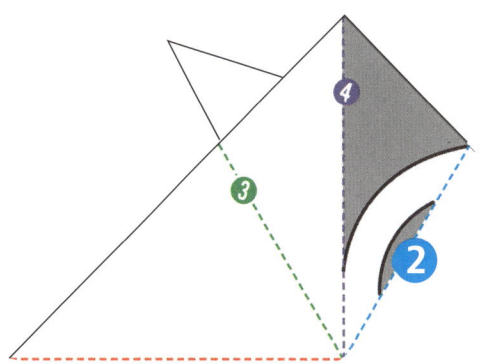
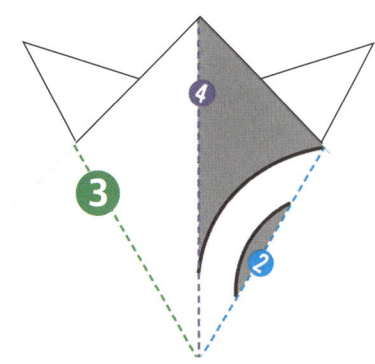
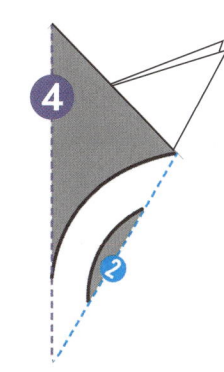

❺ 검은 선을 따라 오려 주세요.

❻ 펼치면 완성됩니다.

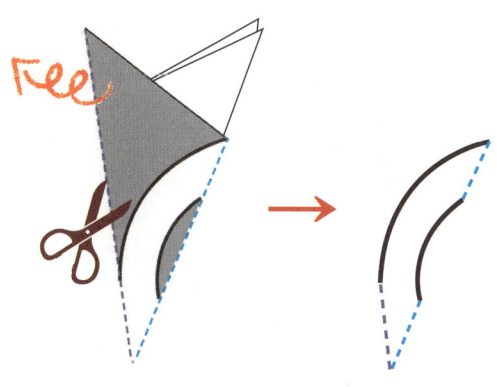

13

❁ 서로 다른 그림 5곳을 찾아 주세요.

❀ <보기>에서 해당 문양을 찾아 같은 색으로 도안을 칠해 보세요.

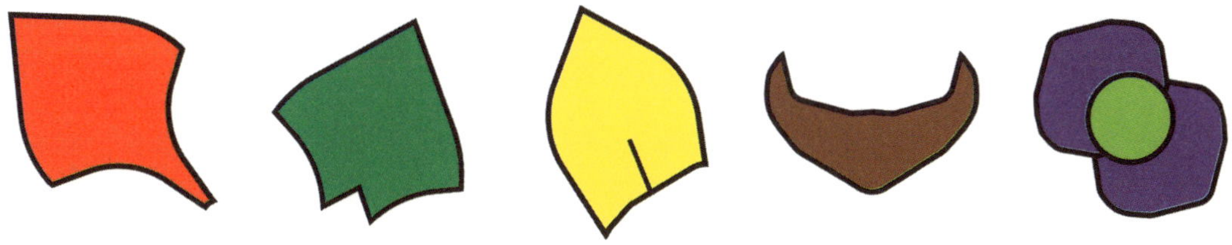

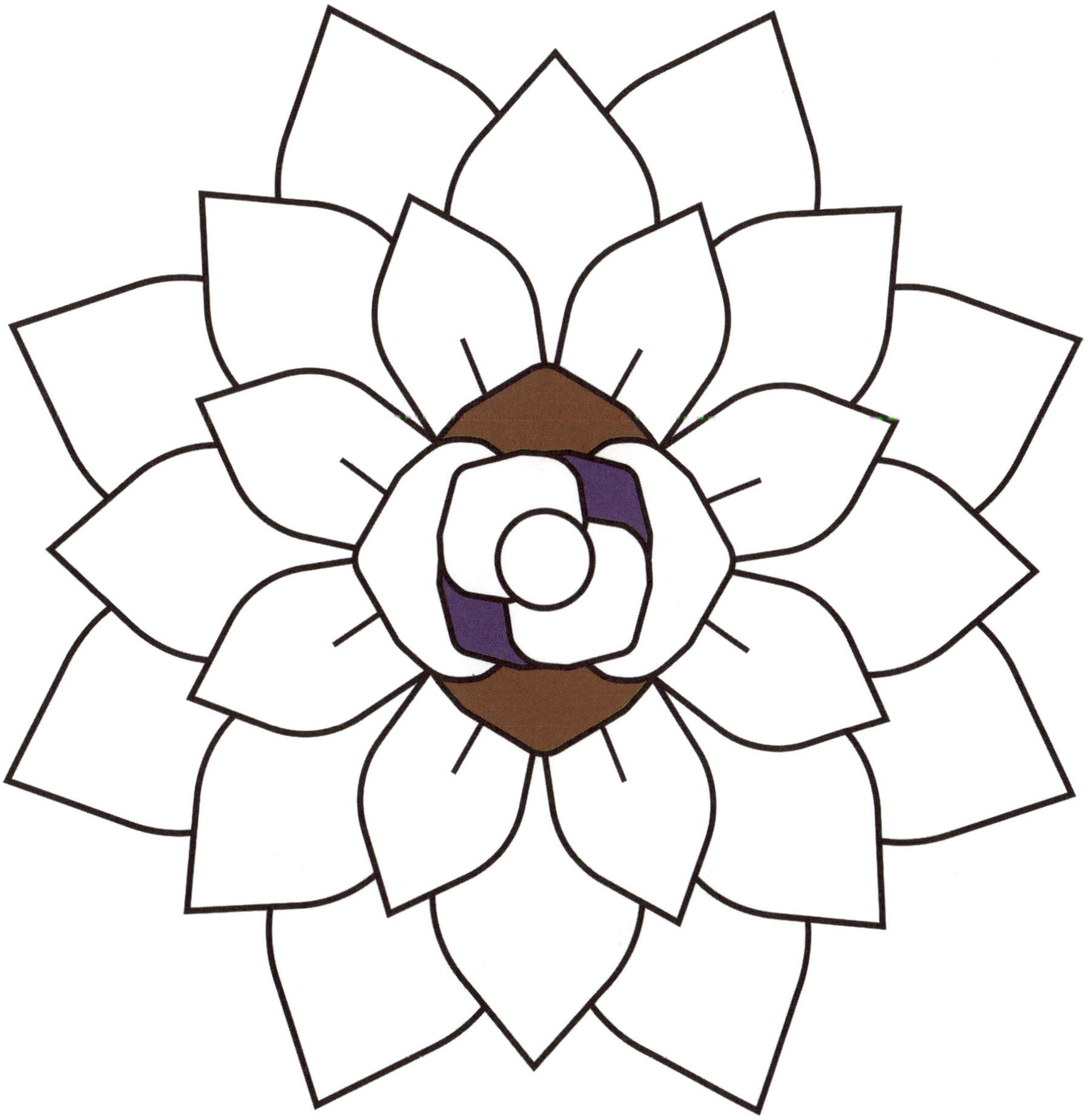

02	오늘 날짜	매일 5분 운동을 했나요?(4~5쪽)	틀린 문제 확인했나요?	내 사인
	년 월 일			

03 빈칸에 적힌 숫자를 보고, 책의 뒤에서 같은 숫자가 적힌 색깔과 도형의 스티커를 찾은 다음 위치에 붙여 주면 그림이 완성됩니다.

🌸 부록 115쪽에 있는 붙임 3 을 준비해 주세요.
종이 뒷면의 순서대로 접은 후 가위로 오려 주세요.

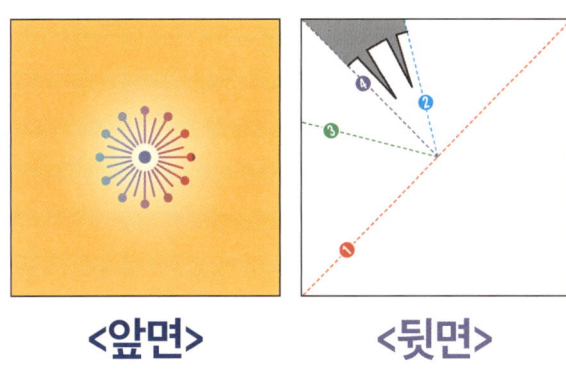

<앞면>   <뒷면>

❶ 뒷면의 빨간색 점선을 따라 반으로 접어 주세요.

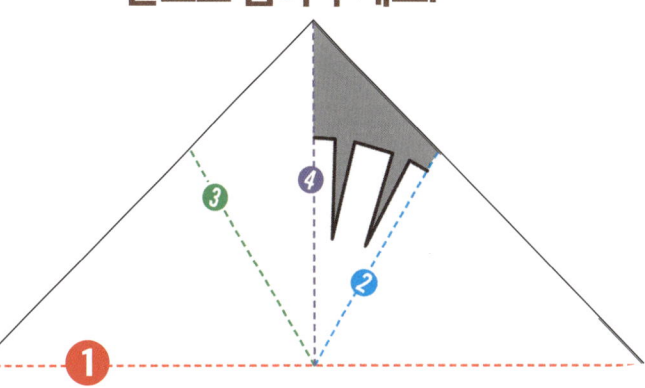

❷ 파란색 점선을 접어 주세요.

❸ 초록색 점선을 접어 주세요.

❹ 보라색 점선을 따라 반으로 접어 주세요.

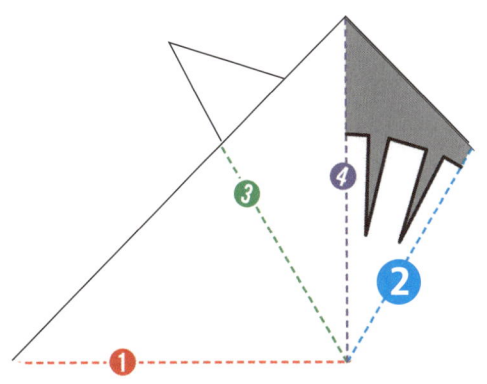
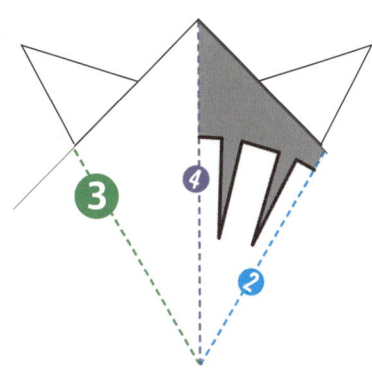
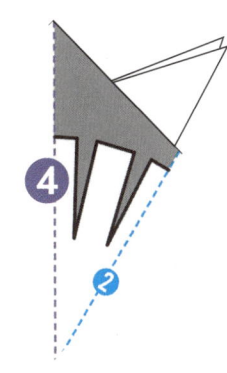

❺ 검은 선을 따라 오려 주세요.

❻ 펼치면 완성됩니다.

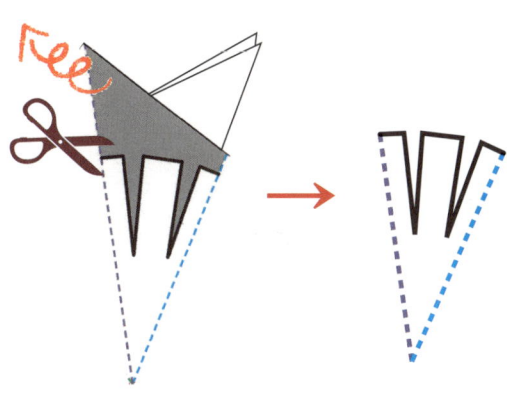

17

🌼 아래 그림들은 각각의 고유 숫자 값을 갖고 있습니다.
식을 이루게 하는 숫자 값을 구해 각 네모 안에 써 보세요.

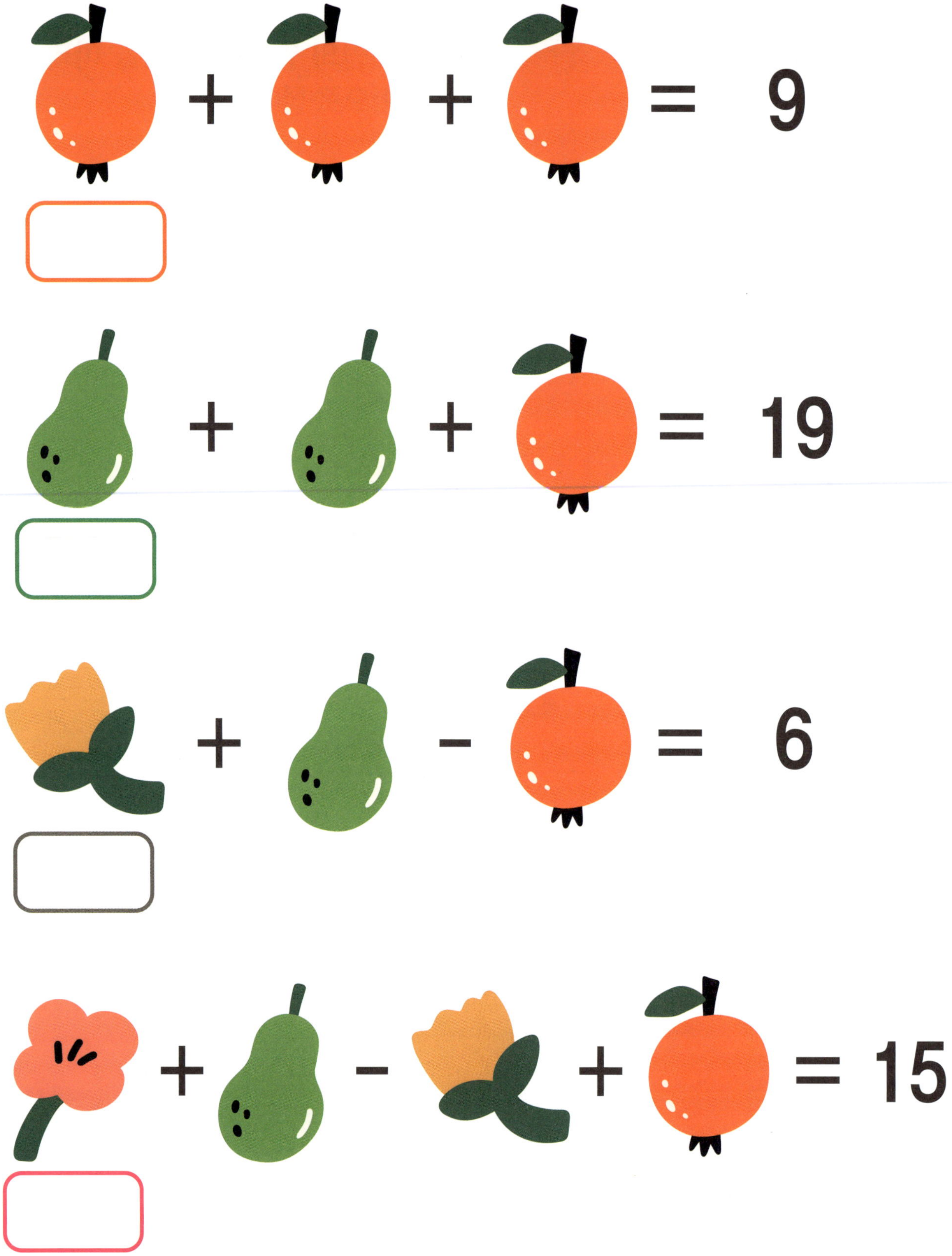

🍊 + 🍊 + 🍊 = 9

🍐 + 🍐 + 🍊 = 19

🌷 + 🍐 - 🍊 = 6

🌺 + 🍐 - 🌷 + 🍊 = 15

❋여러분의 인생을 회상해 보는 시간입니다.
질문에 답해 주세요.(정답은 없습니다.)

- 어릴 때 부모님과 살던 **집**의 특징을 기억 나는 대로 써 보세요.

  _____

  _____

- 어릴 때 그 집에서 하루 일과 중 행복하던 순간은?

  _____

  _____

03 오늘 날짜	매일 5분 운동을 했나요?(4~5쪽)	틀린 문제 확인했나요?	내 사인
년 월 일			

04 숨은 그림 7개를 찾아 보세요.

❋ 부록 115쪽에 있는 붙임 4 를 준비해 주세요.
종이 뒷면의 순서대로 접은 후 가위로 오려 주세요.

<앞면>

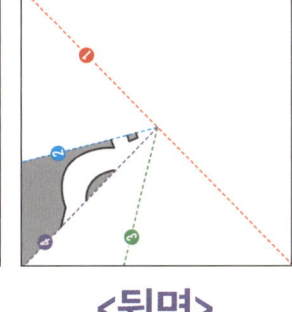
<뒷면>

❶ 뒷면의 빨간색 점선을 따라 반으로 접어 주세요.

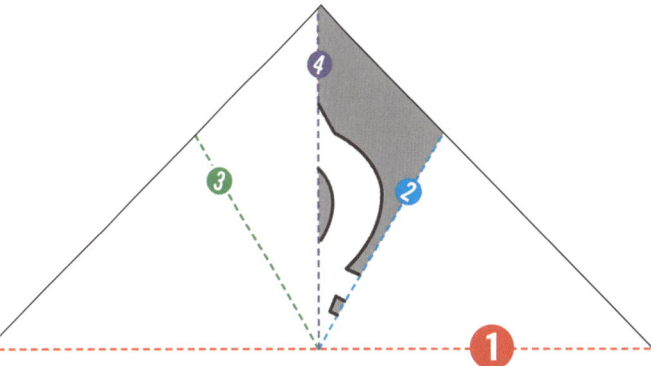

❷ 파란색 점선을 접어 주세요.

❸ 초록색 점선을 접어 주세요.

❹ 보라색 점선을 따라 반으로 접어 주세요.

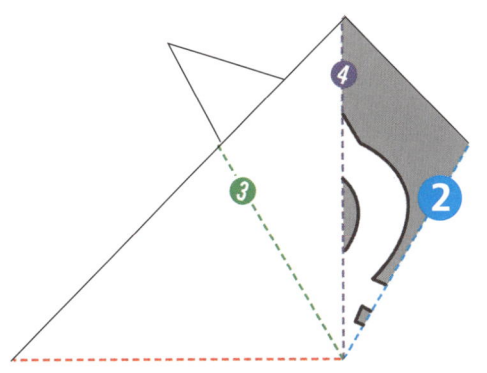
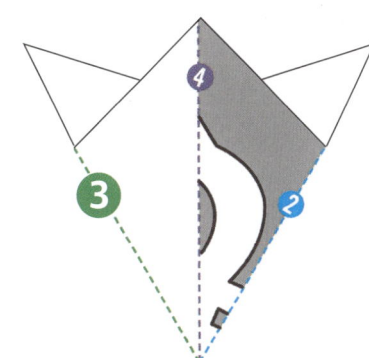
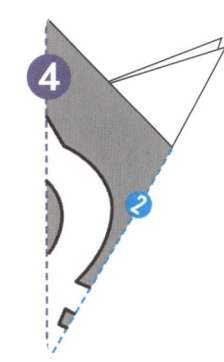

❺ 검은 선을 따라 오려 주세요.

❻ 펼치면 완성됩니다.

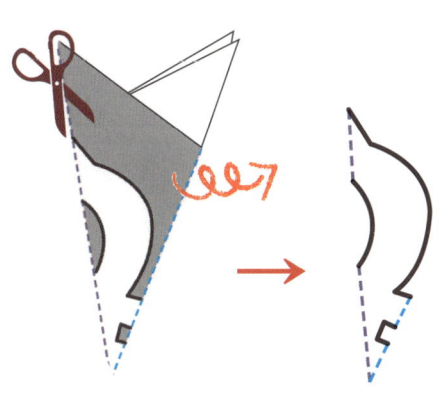

21

🌸 집중력을 위한 원고지 따라 쓰기를 해 보세요.

	돈	이		다		무	슨		소	용	인
가	요	?									
	사	람	이		아	침	에		일	어	나
밤	에		잠	들	기	까	지		그		사
이	에		하	고		싶	은		일	을	
한	다	면		그		사	람	은		성	공
한		것	입	니	다	.					

- 밥 딜런 -

✿ 각 그림의 그림자를 찾아 동그라미표 해 주세요.

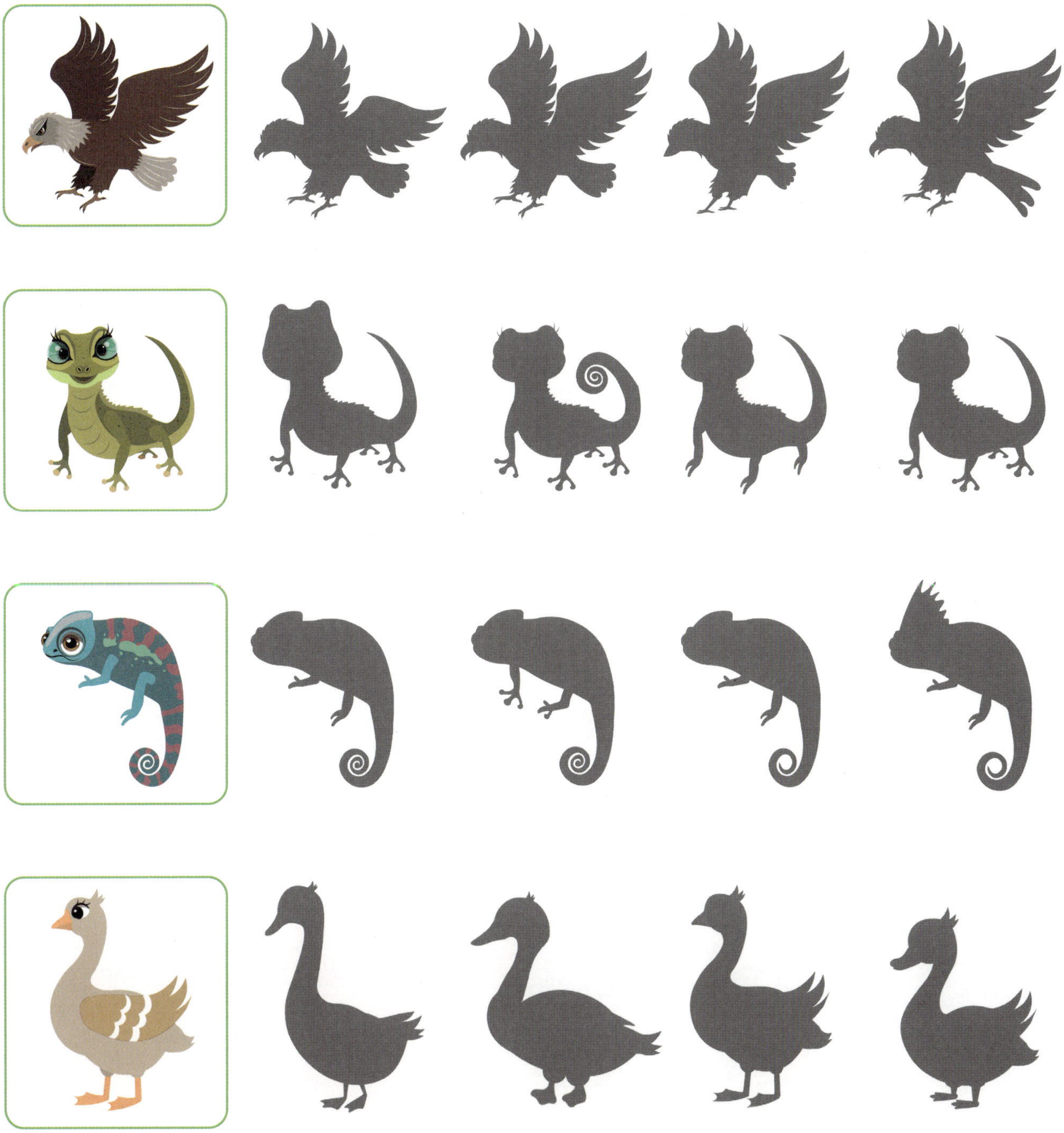

04 오늘 날짜	매일 5분 운동을 했나요?(4~5쪽)	틀린 문제 확인했나요?	내 사인
년 월 일			

05

빈칸에 적힌 숫자를 보고, 책의 뒤에서 **같은 숫자**가 적힌 **색깔**과 **도형**의 스티커를 찾은 다음 위치에 붙여 주면 그림이 완성됩니다.

❀ <보기>에서 해당 문양을 찾아 같은 색으로 도안을 칠해 보세요.

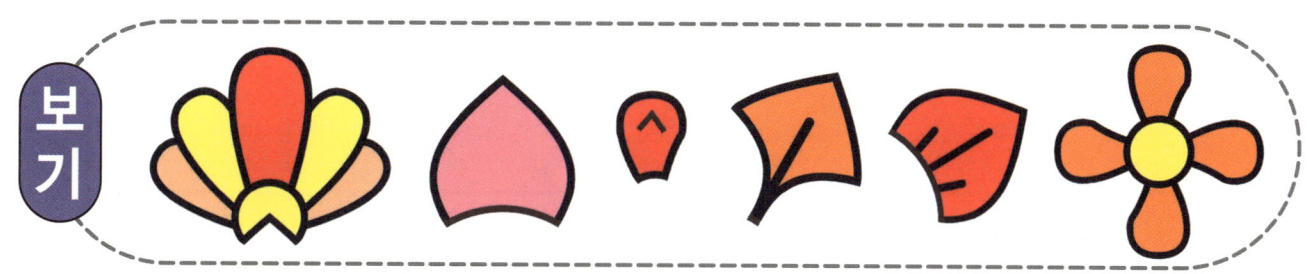

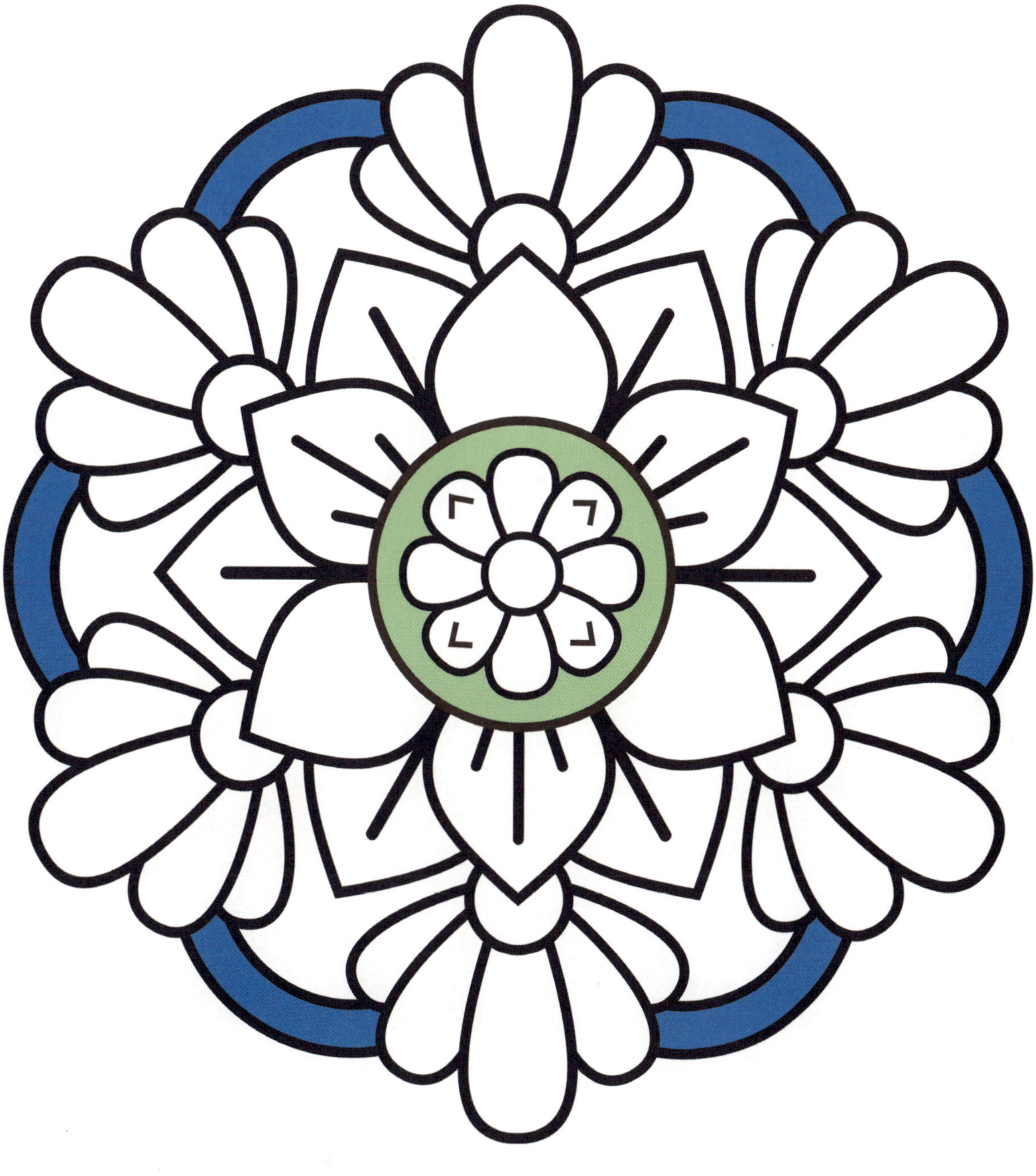

❀ 지폐와 동전을 합한 금액은 얼마인지 계산해 주세요.

원

원

원

❀ 여러분의 인생을 회상해 보는 시간입니다.
질문에 답해 주세요.(정답은 없습니다.)

결혼하던 날을 기억해 보세요. **날씨**는 어땠는지, 어떤 **옷**을 입었는지, 나의 **배우자**는 어떤 모습이었는지 등 인상적인 것을 기억을 더듬어 생각해 써 주세요.

05 오늘 날짜	매일 5분 운동을 했나요?(4~5쪽)	틀린 문제 확인했나요?	내 사인
년 월 일			

 숨은 그림 **7**개를 찾아 보세요.

🌸 부록 117쪽에 있는 붙임 5 를 준비해 주세요.
종이 뒷면의 순서대로 접은 후 가위로 오려 주세요.

<앞면>

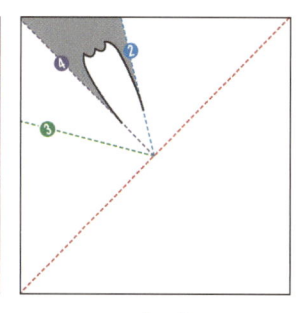
<뒷면>

❶ 뒷면의 빨간색 점선을 따라 반으로 접어 주세요.

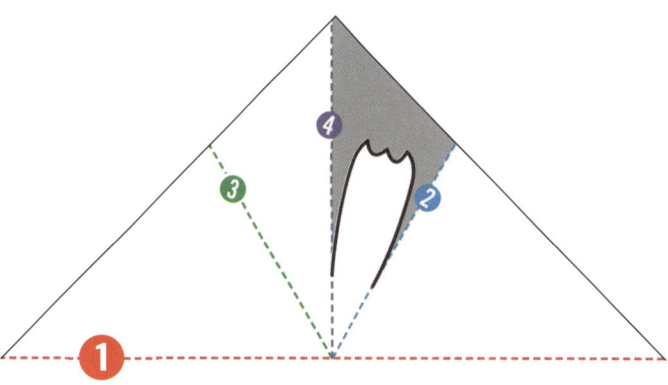

❷ 파란색 점선을 접어 주세요.

❸ 초록색 점선을 접어 주세요.

❹ 보라색 점선을 따라 반으로 접어 주세요.

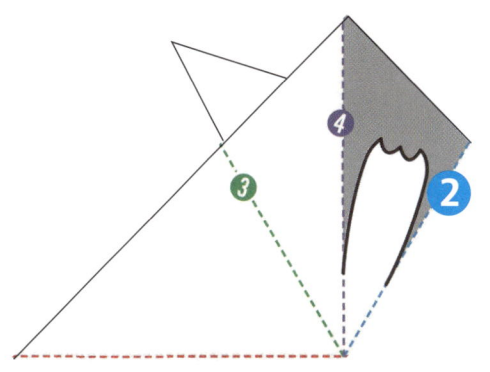
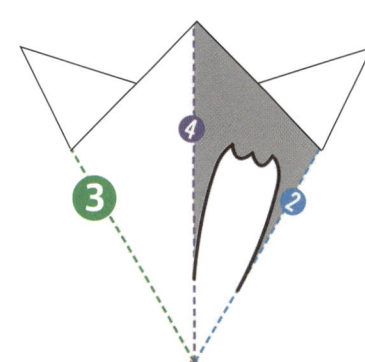
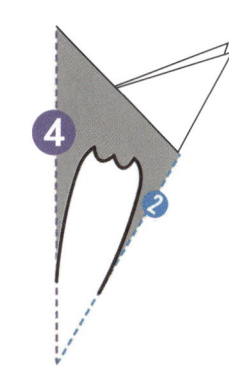

❺ 검은 선을 따라 오려 주세요.

❻ 펼치면 완성됩니다.

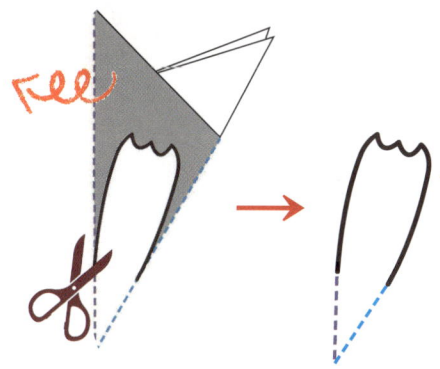

29

✿〈보기〉와 같은 그림을 찾아 동그라미표 해 보세요.

✿ 각 그림의 그림자를 선으로 연결해 주세요.

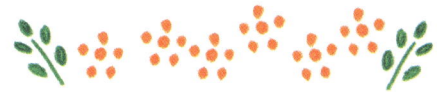

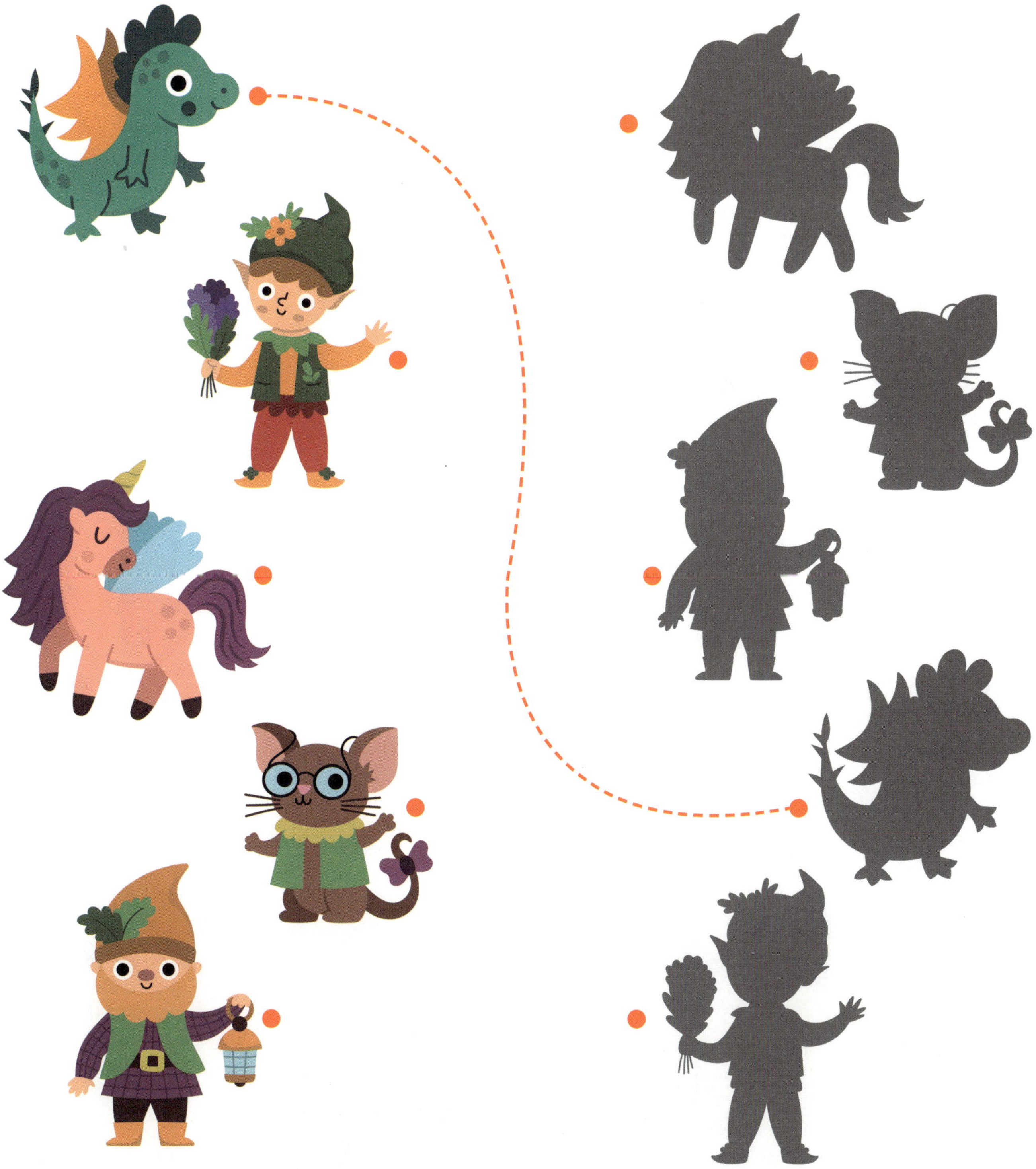

06 오늘 날짜	매일 5분 운동을 했나요?(4~5쪽)	틀린 문제 확인했나요?	내 사인
년 월 일			

07 빈칸에 적힌 숫자를 보고, 책의 뒤에서 같은 숫자가 적힌 색깔과 도형의 스티커를 찾은 다음 위치에 붙여 주면 그림이 완성됩니다.

🌸 부록 117쪽에 있는 **붙임 6** 을 준비해 주세요.
종이 뒷면의 순서대로 접은 후 가위로 오려 주세요.

<앞면>

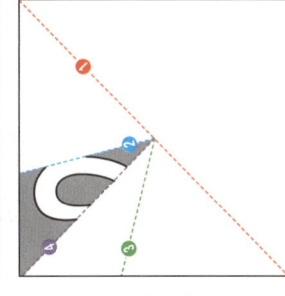
<뒷면>

❶ 뒷면의 빨간색 점선을 따라 반으로 접어 주세요.

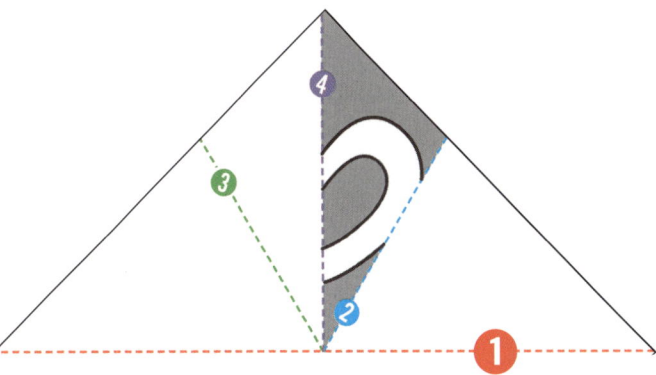

❷ 파란색 점선을 접어 주세요.

❸ 초록색 점선을 접어 주세요.

❹ 보라색 점선을 따라 반으로 접어 주세요.

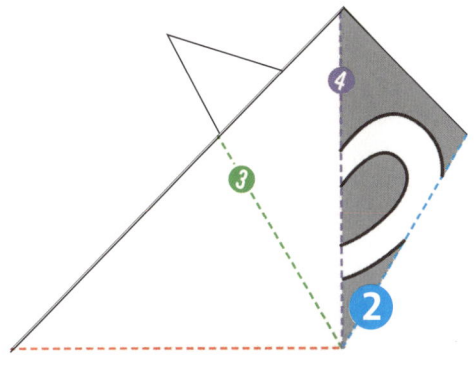
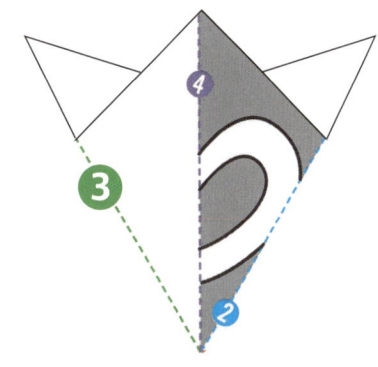

❺ 검은 선을 따라 오려 주세요.

❻ 펼치면 완성됩니다.

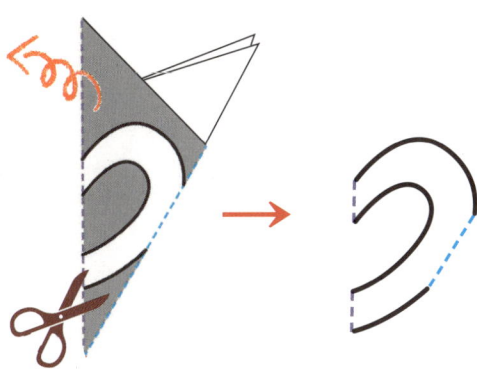

각각 해당하는 맛의 음식을 찾아 써 주세요.

새우젓 / 식초  / 씀바귀  / 고추장

젤리  / 커피  / 사탕  / 간장

김치  / 레몬

단맛	짠맛	쓴맛	신맛	매운맛

❀ 여러분의 인생을 회상해 보는 시간입니다.
질문에 답해 주세요. (정답은 없습니다.)

- 젊은 시절 가장 힘든 순간은 언제였나요?

- 젊은 시절 자신이 가장 자랑스럽던 순간은?

07 오늘 날짜	매일 5분 운동을 했나요?(4~5쪽)	틀린 문제 확인했나요?	내 사인
년 월 일			

 숨은 그림 **7**개를 찾아 보세요.

❀ 부록 119쪽에 있는 붙임 7 을 준비해 주세요.
종이 뒷면의 순서대로 접은 후 가위로 오려 주세요.

<앞면>

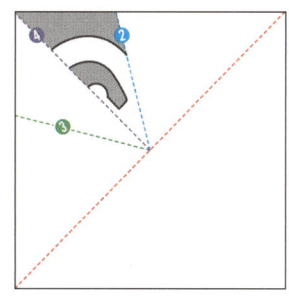
<뒷면>

❶ 뒷면의 빨간색 점선을 따라 반으로 접어 주세요.

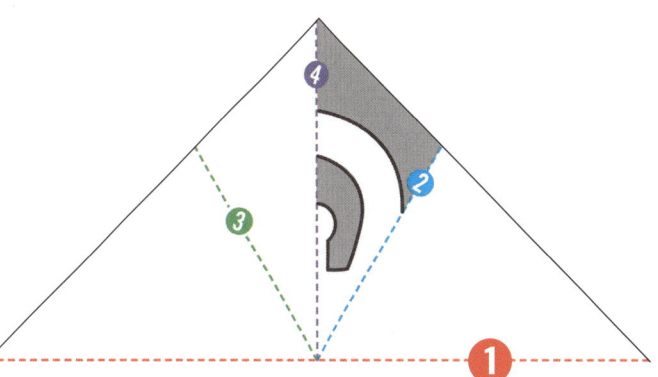

❷ 파란색 점선을 접어 주세요.

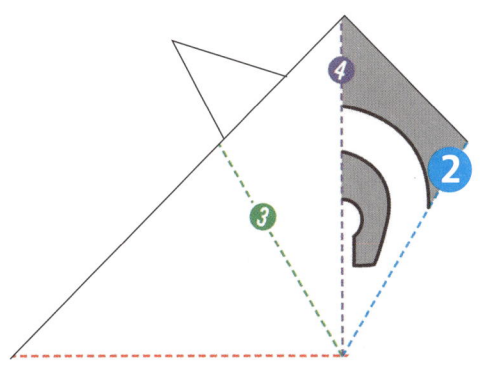

❸ 초록색 점선을 접어 주세요.

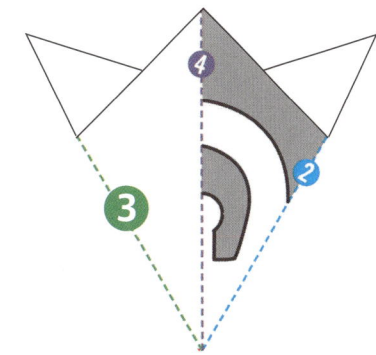

❹ 보라색 점선을 따라 반으로 접어 주세요.

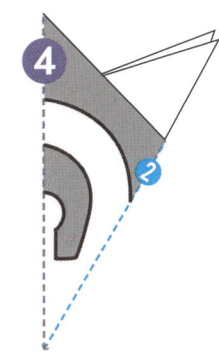

❺ 검은 선을 따라 오려 주세요.

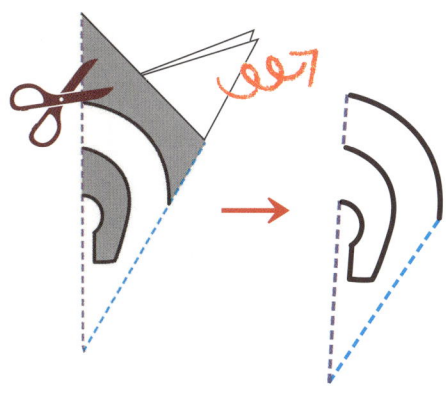

❻ 펼치면 완성됩니다.

🌼 **집중력을 위한 원고지 따라 쓰기를 해 보세요.**

	잘	못	된		것	에		너	무		연
연	하	지		마	세	요	.				
	그		대	신		다	음	에		할	
일	에		집	중	하	세	요	.			
	해	답	을		향	해		함	께		나
아	가	는		데		에	너	지	를		소
비	하	세	요	.							

- 데이스 웨이틀리 -

❋ <보기>에서 해당 문양을 찾아 같은 색으로 도안을 칠해 보세요.

보기

08	오늘 날짜	매일 5분 운동을 했나요?(4~5쪽)	틀린 문제 확인했나요?	내 사인
	년 월 일			

09

빈칸에 적힌 숫자를 보고, 책의 뒤에서 **같은 숫자**가 적힌 **색깔**과 **도형**의 스티커를 찾은 다음 위치에 붙여 주면 그림이 완성됩니다.

❀ 부록 119쪽에 있는 붙임 8 을 준비해 주세요.
종이 뒷면의 순서대로 접은 후 가위로 오려 주세요.

<앞면>

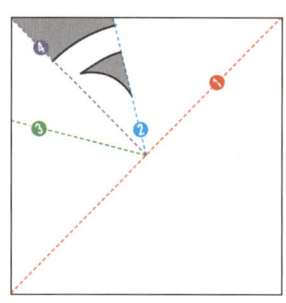
<뒷면>

❶ 뒷면의 빨간색 점선을 따라 반으로 접어 주세요.

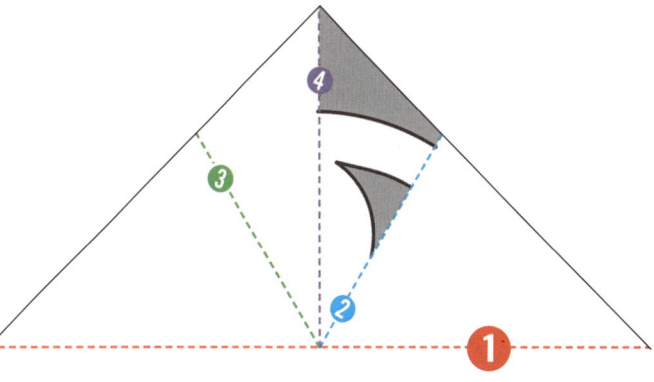

❷ 파란색 점선을 접어 주세요.

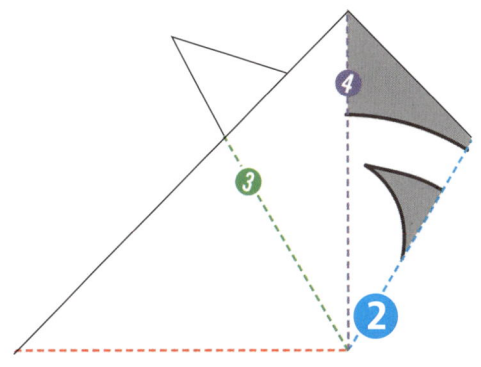

❸ 초록색 점선을 접어 주세요.

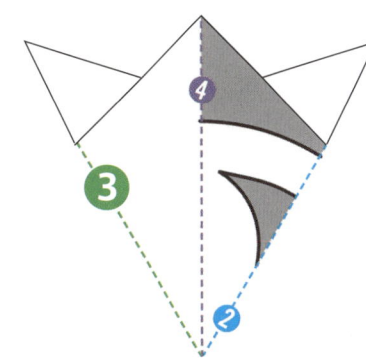

❹ 보라색 점선을 따라 반으로 접어 주세요.

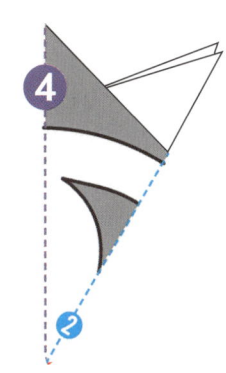

❺ 검은 선을 따라 오려 주세요.

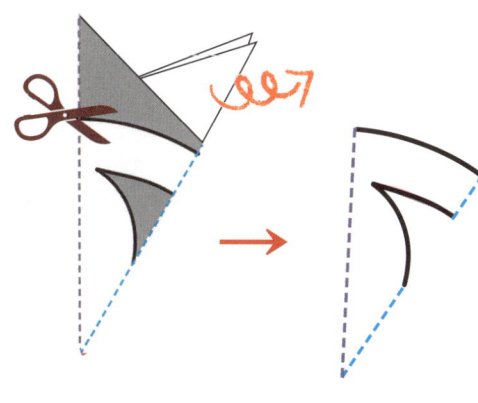

❻ 펼치면 완성됩니다.

41

🌼 아래 그림들은 각각의 고유 숫자 값을 갖고 있습니다.
식을 이루게 하는 숫자 값을 구해 각 네모 안에 써 보세요.

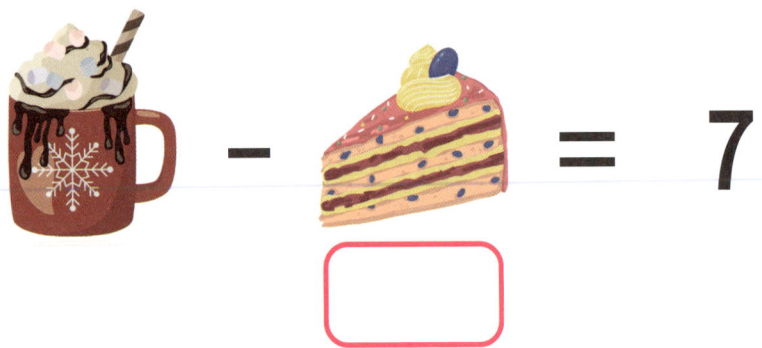

❋ 여러분의 인생을 회상해 보는 시간입니다.
질문에 답해 주세요. (정답은 없습니다.)

- 당신이 가장 잘하는 일 또는 좋아하는 일을 세 가지 써 보세요.

_____

_____

_____

- 어릴 때나 젊었을 때 꿈꾸던 직업은 무엇인가요?

_____

09 오늘 날짜	매일 5분 운동을 했나요?(4~5쪽)	틀린 문제 확인했나요?	내 사인
년 월 일			

 숨은 그림 **7**개를 찾아 보세요.

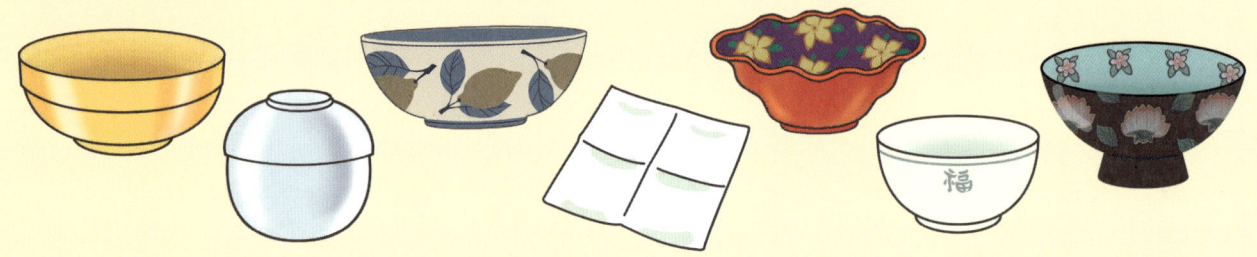

❋ <보기>에서 해당 문양을 찾아 같은 색으로 도안을 칠해 보세요.

45

✿ 서로 다른 그림 5곳을 찾아 주세요.

❀ 각 그림의 그림자를 찾아 동그라미를 치고, 그 이름을 적어 주세요.

냥이　토토　인절미　초코

모찌　나비　쿠키　뭉치

짱구　까미　솜사탕

10	오늘 날짜	매일 5분 운동을 했나요?(4~5쪽)	틀린 문제 확인했나요?	내 사인
	년 월 일			

11

빈칸에 적힌 숫자를 보고, 책의 뒤에서 같은 숫자가 적힌 색깔과 도형의 스티커를 찾은 다음 위치에 붙여 주면 그림이 완성됩니다.

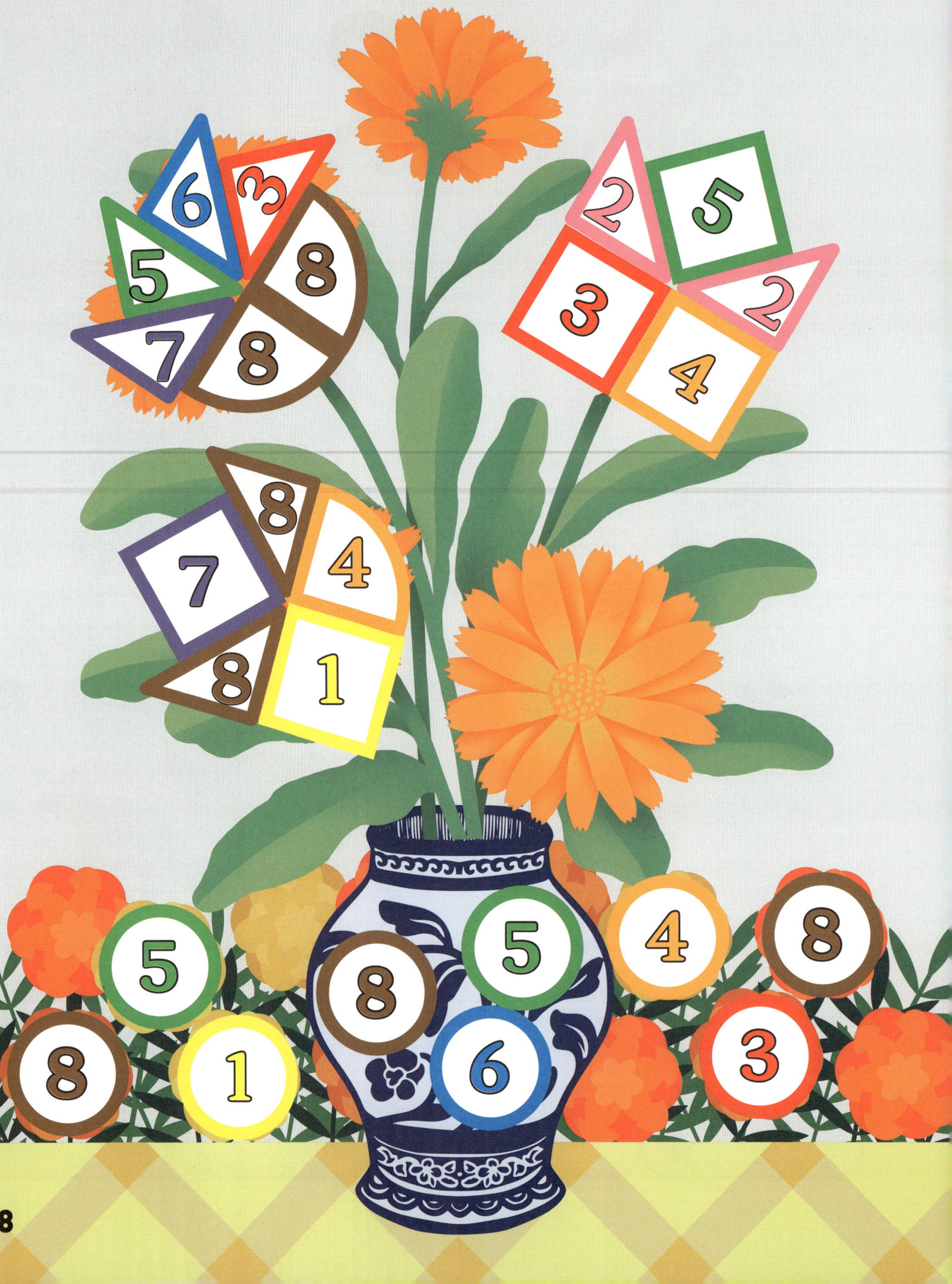

❀ 부록 121쪽에 있는 붙임 9 를 준비해 주세요.
종이 뒷면의 순서대로 접은 후 가위로 오려 주세요.

<앞면>

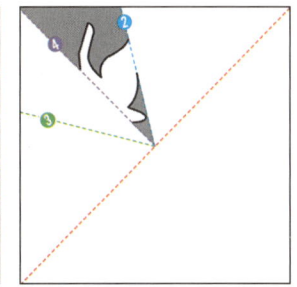
<뒷면>

❶ 뒷면의 빨간색 점선을 따라 반으로 접어 주세요.

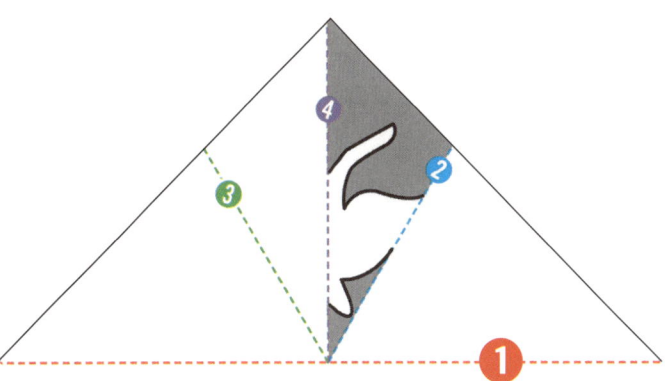

❷ 파란색 점선을 접어 주세요.

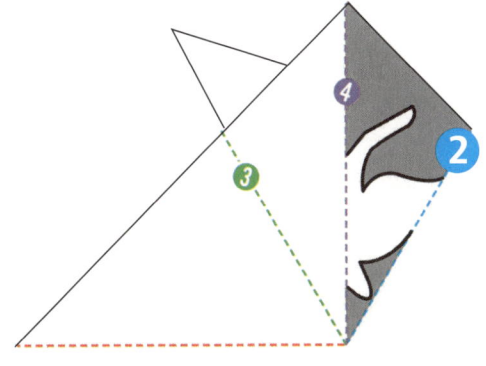

❸ 초록색 점선을 접어 주세요.

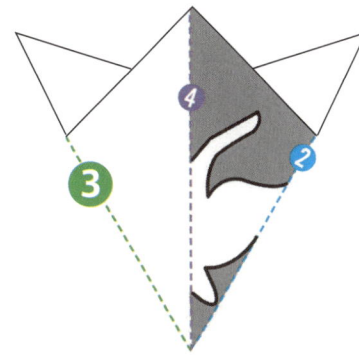

❹ 보라색 점선을 따라 반으로 접어 주세요.

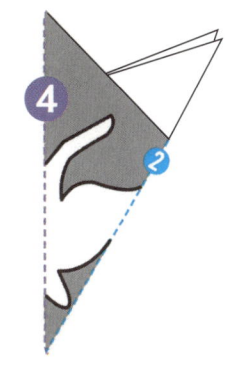

❺ 검은 선을 따라 오려 주세요.

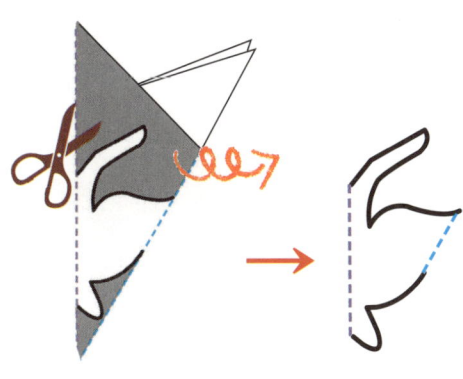

❻ 펼치면 완성됩니다.

49

❁ 〈보기〉와 같은 그림을 찾아 동그라미표 해 보세요.

보기

❀ 여러분의 인생을 회상해 보는 시간입니다.
질문에 답해 주세요.(정답은 없습니다.)

- 어릴 때 가장 좋아하던 친구는? 이름 또는 언제 만난 어떤 친구인지 써 보세요.

_____

_____

- 나이가 들어서 친하게 지낸 친구의 이름을 써 보세요.

_____

_____

11 오늘 날짜	매일 5분 운동을 했나요?(4~5쪽)	틀린 문제 확인했나요?	내 사인
년 월 일			

 숨은 그림 **7**개를 찾아 보세요.

🌸 부록 121쪽에 있는 붙임 10 을 준비해 주세요.
종이 뒷면의 순서대로 접은 후 가위로 오려 주세요.

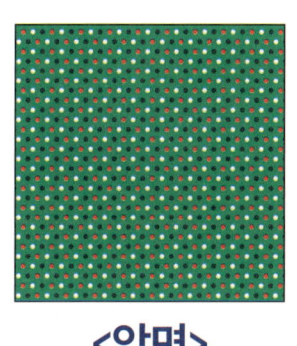
<앞면>

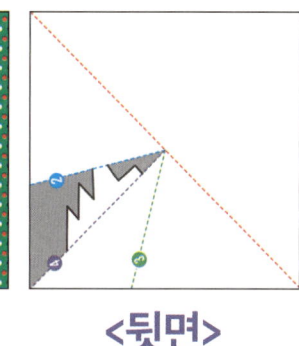
<뒷면>

❶ 뒷면의 빨간색 점선을 따라 반으로 접어 주세요.

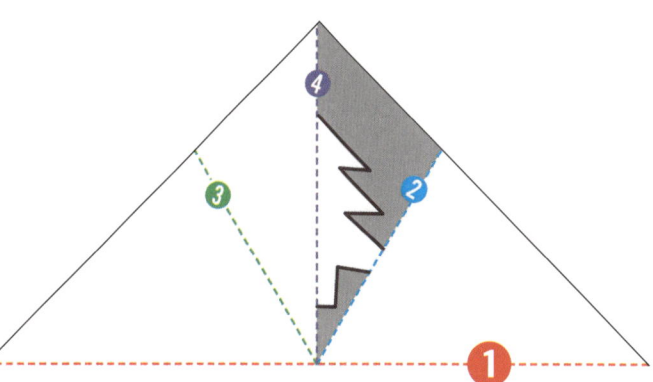

❷ 파란색 점선을 접어 주세요.

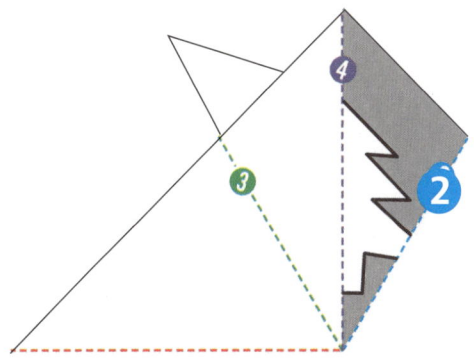

❸ 초록색 점선을 접어 주세요.

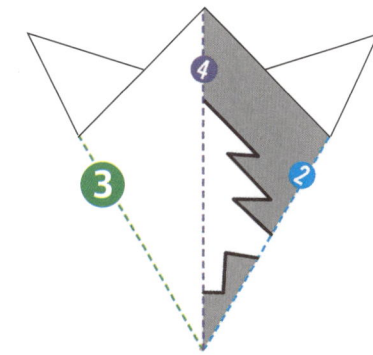

❹ 보라색 점선을 따라 반으로 접어 주세요.

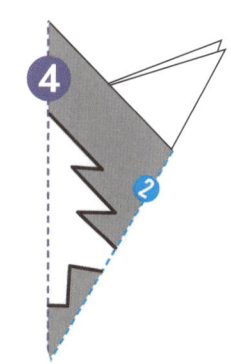

❺ 검은 선을 따라 오려 주세요.

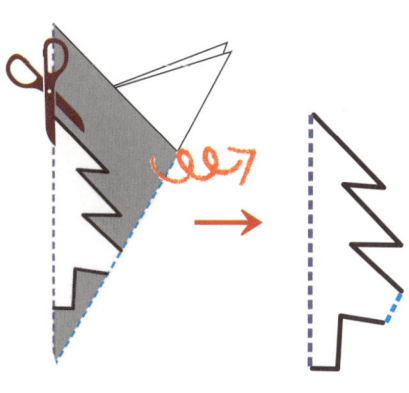

❻ 펼치면 완성됩니다.

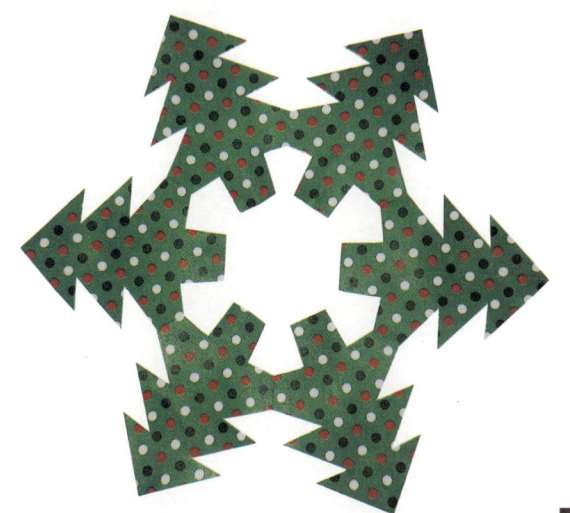

53

🌼 집중력을 위한 원고지 따라 쓰기를 해 보세요.

| | 인 | 생 | 의 | | 목 | 적 | 은 | | 성 | 취 | 가 |
| 아 | 니 | 라 | | 경 | 험 | 입 | 니 | 다 | . | | |

- 붓다 -

	인	생	에	서		가	장		중	요	한
것	은		지	금		이		순	간	을	
살	아	가	는		것	입	니	다	.		

- 붓다 -

❋ <보기>에서 해당 문양을 찾아 같은 색으로 도안을 칠해 보세요.

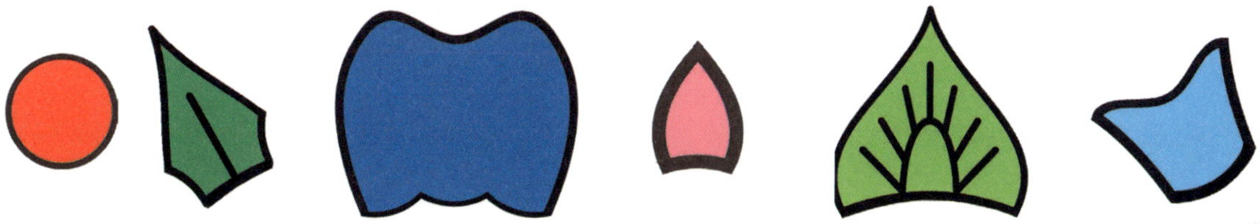

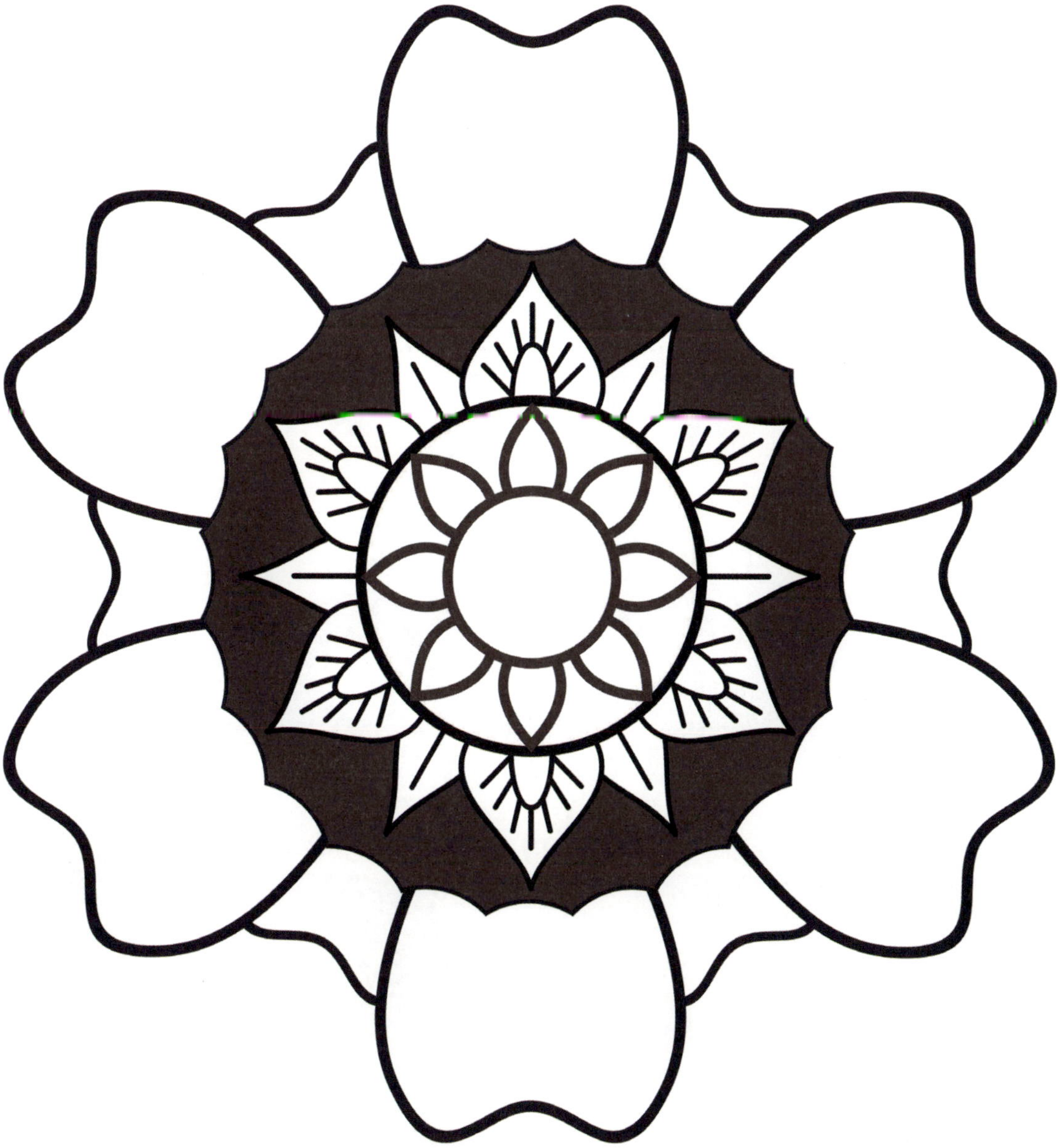

12	오늘 날짜	매일 5분 운동을 했나요?(4~5쪽)	틀린 문제 확인했나요?	내 사인
	년 월 일			

13 빈칸에 적힌 숫자를 보고, 책의 뒤에서 같은 숫자가 적힌 색깔과 도형의 스티커를 찾은 다음 위치에 붙여 주면 그림이 완성됩니다.

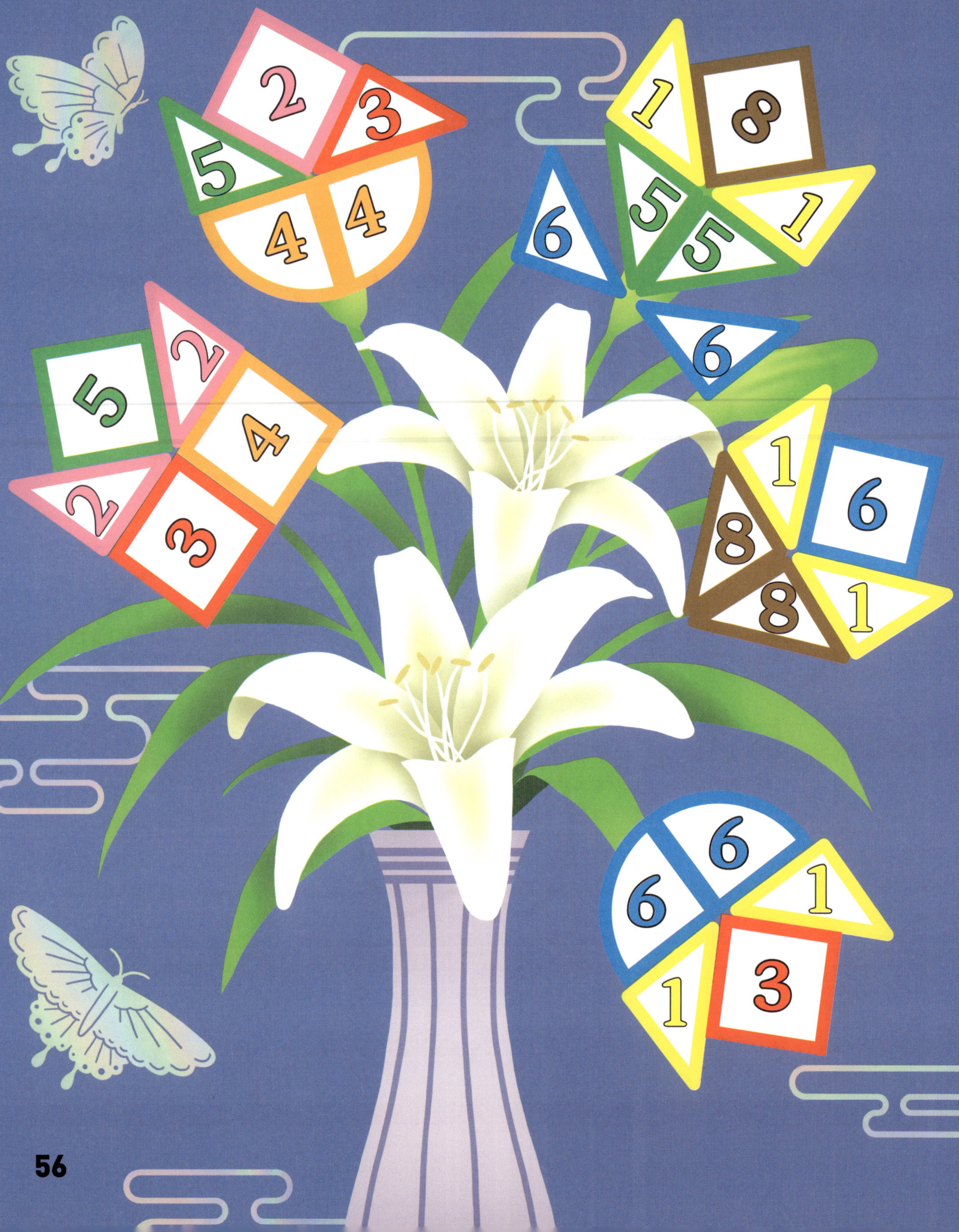

🌸 부록 123쪽에 있는 붙임 11 을 준비해 주세요.
종이 뒷면의 순서대로 접은 후 가위로 오려 주세요.

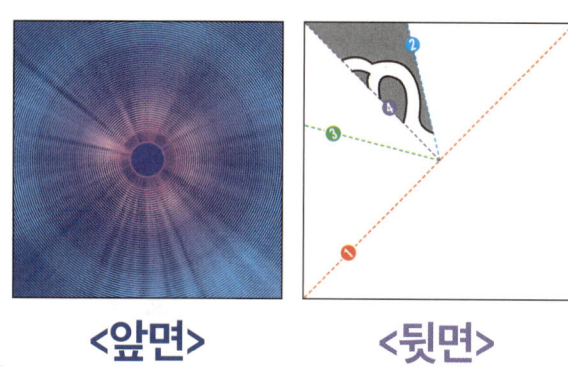

<앞면>   <뒷면>

❶ 뒷면의 빨간색 점선을 따라 반으로 접어 주세요.

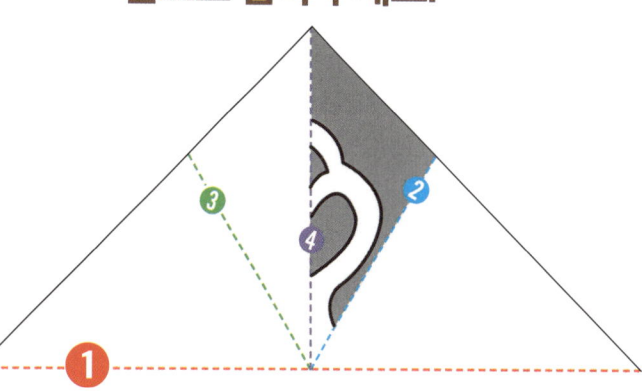

❷ 파란색 점선을 접어 주세요.

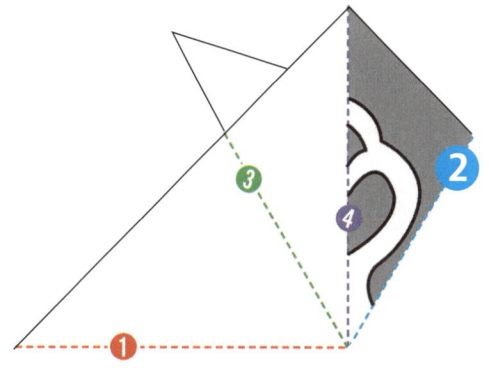

❸ 초록색 점선을 접어 주세요.

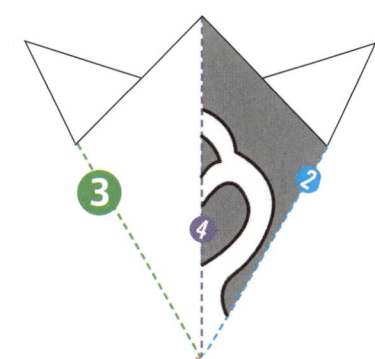

❹ 보라색 점선을 따라 반으로 접어 주세요.

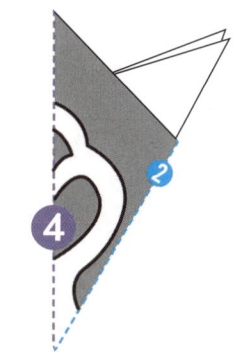

❺ 검은 선을 따라 오려 주세요.

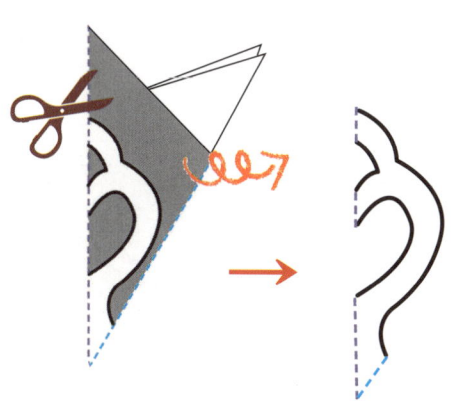

❻ 펼치면 완성됩니다.

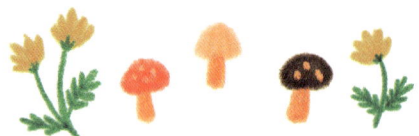

❁ 시각에 맞게 시곗바늘을 그려 주세요.

보기

3시 10분

1시 45분

8시 20분

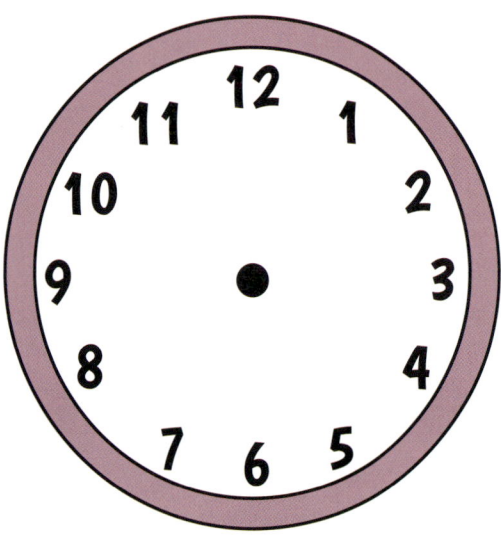

11시 30분

❈ 여러분의 인생을 회상해 보는 시간입니다.
질문에 답해 주세요.(정답은 없습니다.)

- 어린 시절 부모님과 함께한 특별한 추억 여행이 있나요? 어떤 여행이었나요?

- 당신의 자녀들과 함께한 행복하고 특별한 가족여행을 써 보세요.

13 오늘 날짜	매일 5분 운동을 했나요?(4~5쪽)	틀린 문제 확인했나요?	내 사인
년 월 일			

 숨은 그림 **7**개를 찾아 보세요.

❀ 부록 123쪽에 있는 붙임 12 를 준비해 주세요.
종이 뒷면의 순서대로 접은 후 가위로 오려 주세요.

<앞면>

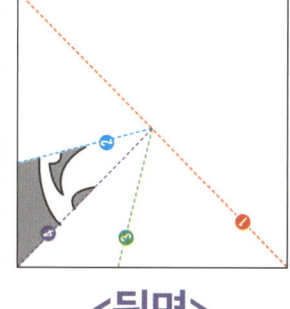
<뒷면>

❶ 뒷면의 빨간색 점선을 따라 반으로 접어 주세요.

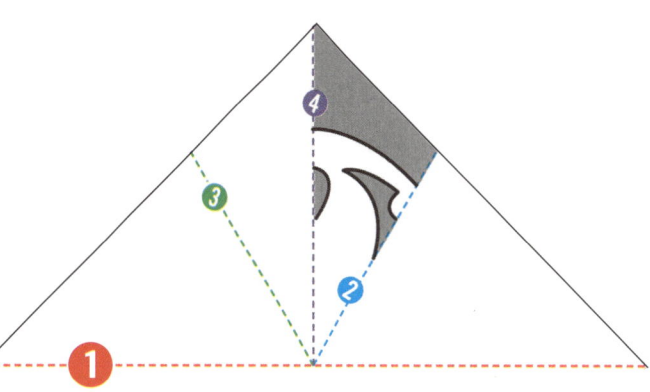

❷ 파란색 점선을 접어 주세요.

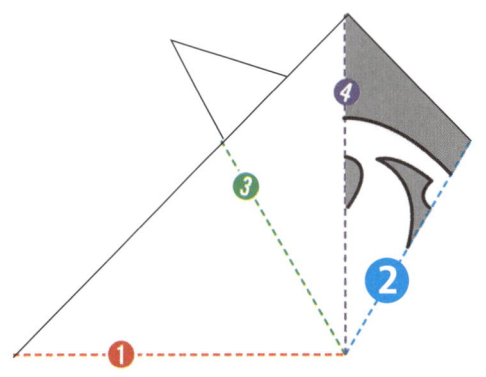

❸ 초록색 점선을 접어 주세요.

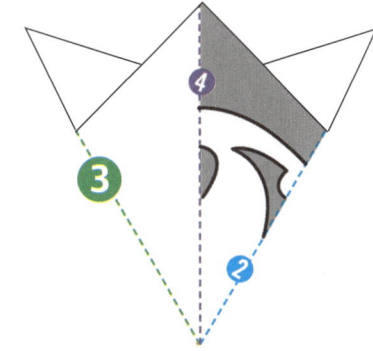

❹ 보라색 점선을 따라 반으로 접어 주세요.

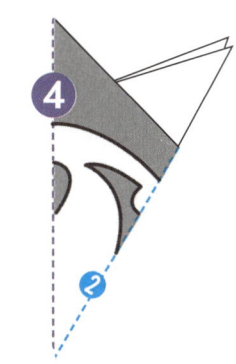

❺ 검은 선을 따라 오려 주세요.

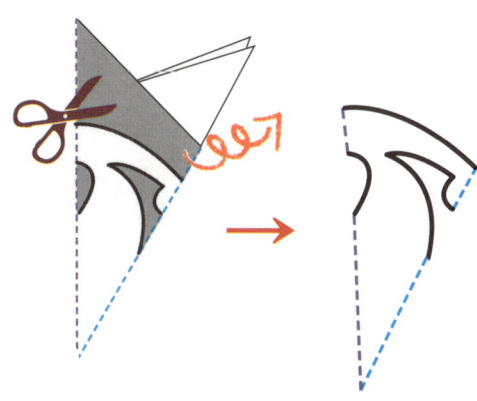

❻ 펼치면 완성됩니다.

61

🌼 선으로 이어 속담의 문장을 완성해 주세요.

개 팔자가 • • 소도둑 된다

천 리 길도 • • 꿰어야 보배

바늘 도둑이 • • 한 걸음부터

발 없는 말이 • • 낙이 온다

고생 끝에 • • 상팔자

구슬이서 말이라도 • • 천 리 간다

가는 말이 고와야 • • 오는 말이 곱다

고래 싸움에 • • 요란하다

바늘 가는 데 • • 새우 등 터진다

비 온 뒤에 • • 봉창 두드린다

빈 수레가 • • 실 간다

자다가 • • 땅이 굳어진다

❀ 〈보기〉의 그림자를 찾아 동그라미표 해 주세요.

보기

14	오늘 날짜	매일 5분 운동을 했나요?(4~5쪽)	틀린 문제 확인했나요?	내 사인
	년 월 일			

15 빈칸에 적힌 숫자를 보고, 책의 뒤에서 같은 숫자가 적힌 색깔과 도형의 스티커를 찾은 다음 위치에 붙여 주면 그림이 완성됩니다.

❈ <보기>에서 해당 문양을 찾아 같은 색으로 도안을 칠해 보세요.

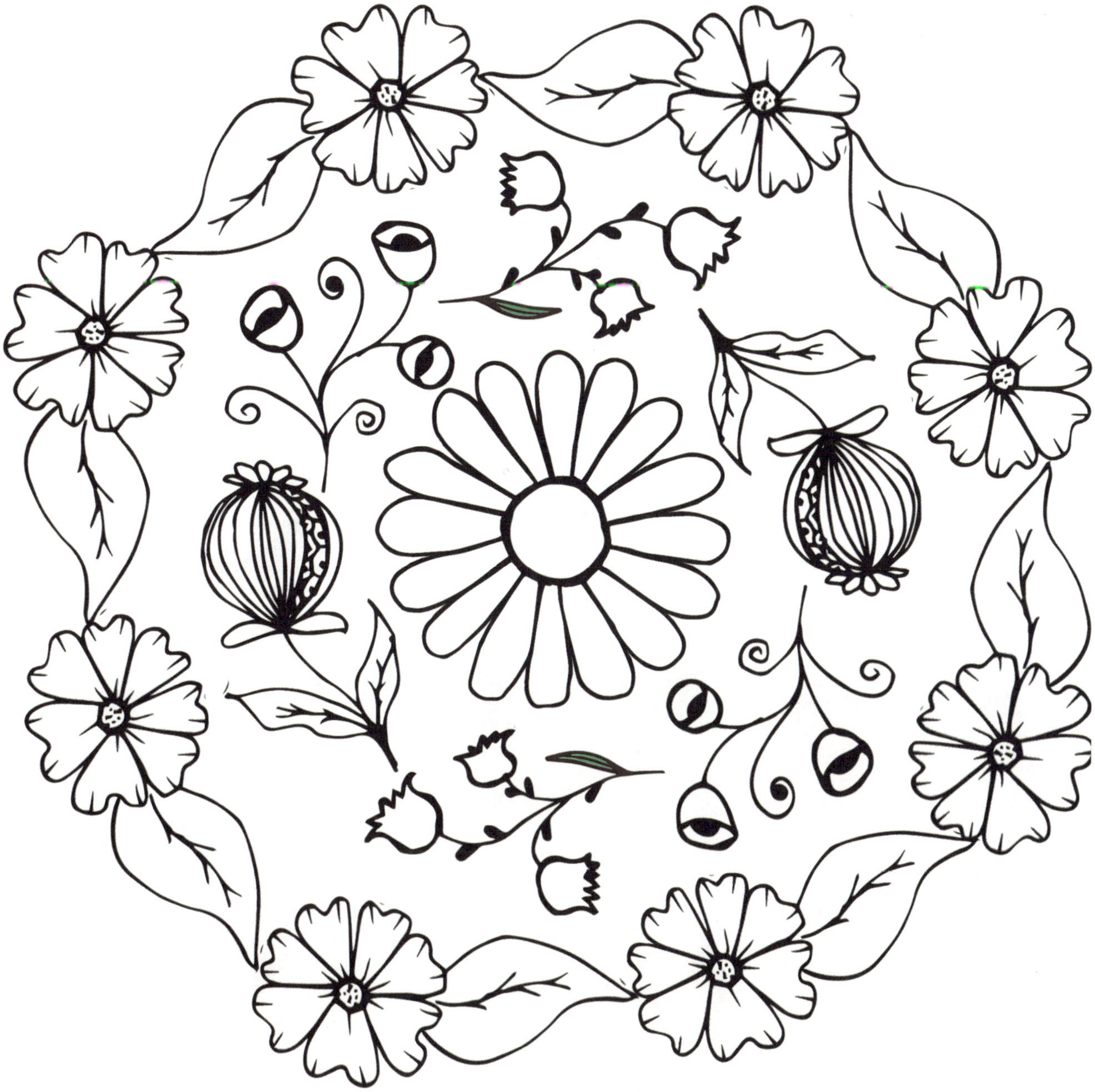

✿ <보기>와 같은 그림을 찾아 동그라미표 해 보세요.

보기

✿ 여러분의 인생을 회상해 보는 시간입니다.
질문에 답해 주세요.(정답은 없습니다.)

속아서 한평생이더라도 인생에서는 세 번의 기회가 온다고 합니다. 놓쳤을 수도 있고 잡았을 수도 있는, 당신에게 온 세 번의 행운의 기회를 적어 보세요.

_____
_____
_____
_____
_____
_____

15	오늘 날짜	매일 5분 운동을 했나요?(4~5쪽)	틀린 문제 확인했나요?	내 사인
	년 월 일			

16 숨은 그림 **7**개를 찾아 보세요.

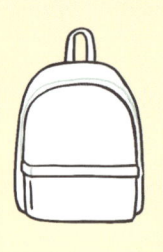

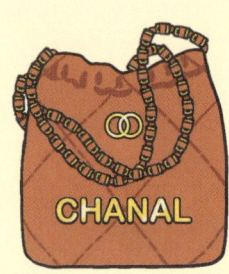

❀ 부록 125쪽에 있는 붙임 13 을 준비해 주세요.
종이 뒷면의 순서대로 접은 후 가위로 오려 주세요.

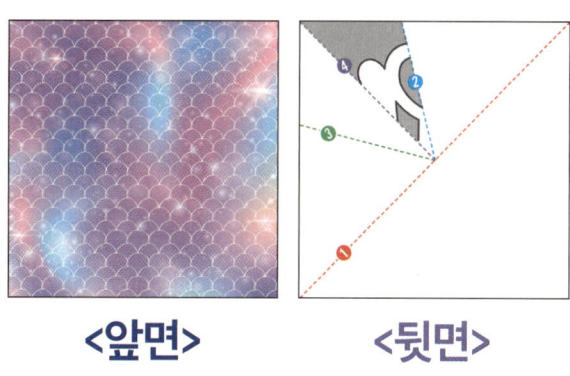

<앞면> <뒷면>

❶ 뒷면의 빨간색 점선을 따라 반으로 접어 주세요.

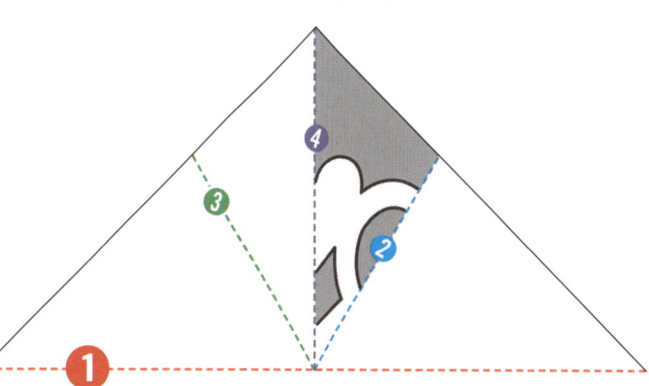

❷ 파란색 점선을 접어 주세요.

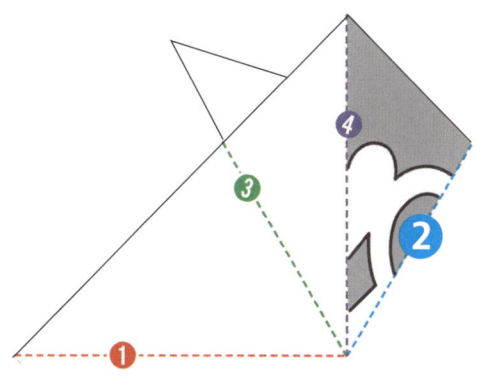

❸ 초록색 점선을 접어 주세요.

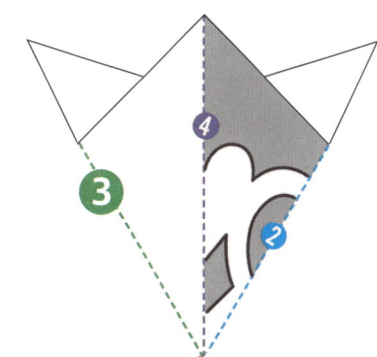

❹ 보라색 점선을 따라 반으로 접어 주세요.

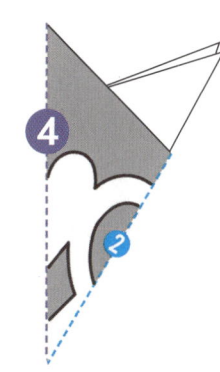

❺ 검은 선을 따라 오려 주세요.

❻ 펼치면 완성됩니다.

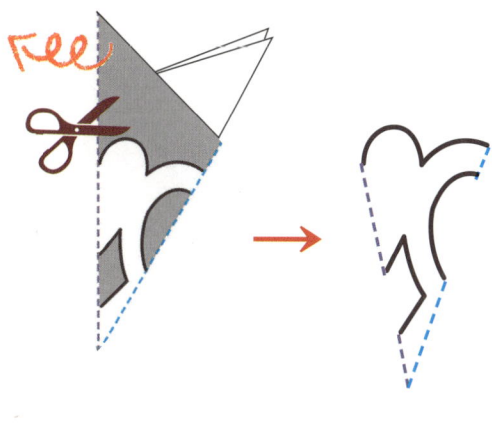

69

집중력을 위한 원고지 따라 쓰기를 해 보세요.

호수

― 정지용 ―

얼굴 하나야
손바닥 둘로
폭 가리지만,

보고 싶은 마음
호수만 하니
눈 감을밖에.

❄ <보기>에서 해당 문양을 찾아 같은 색으로 도안을 칠해 보세요.

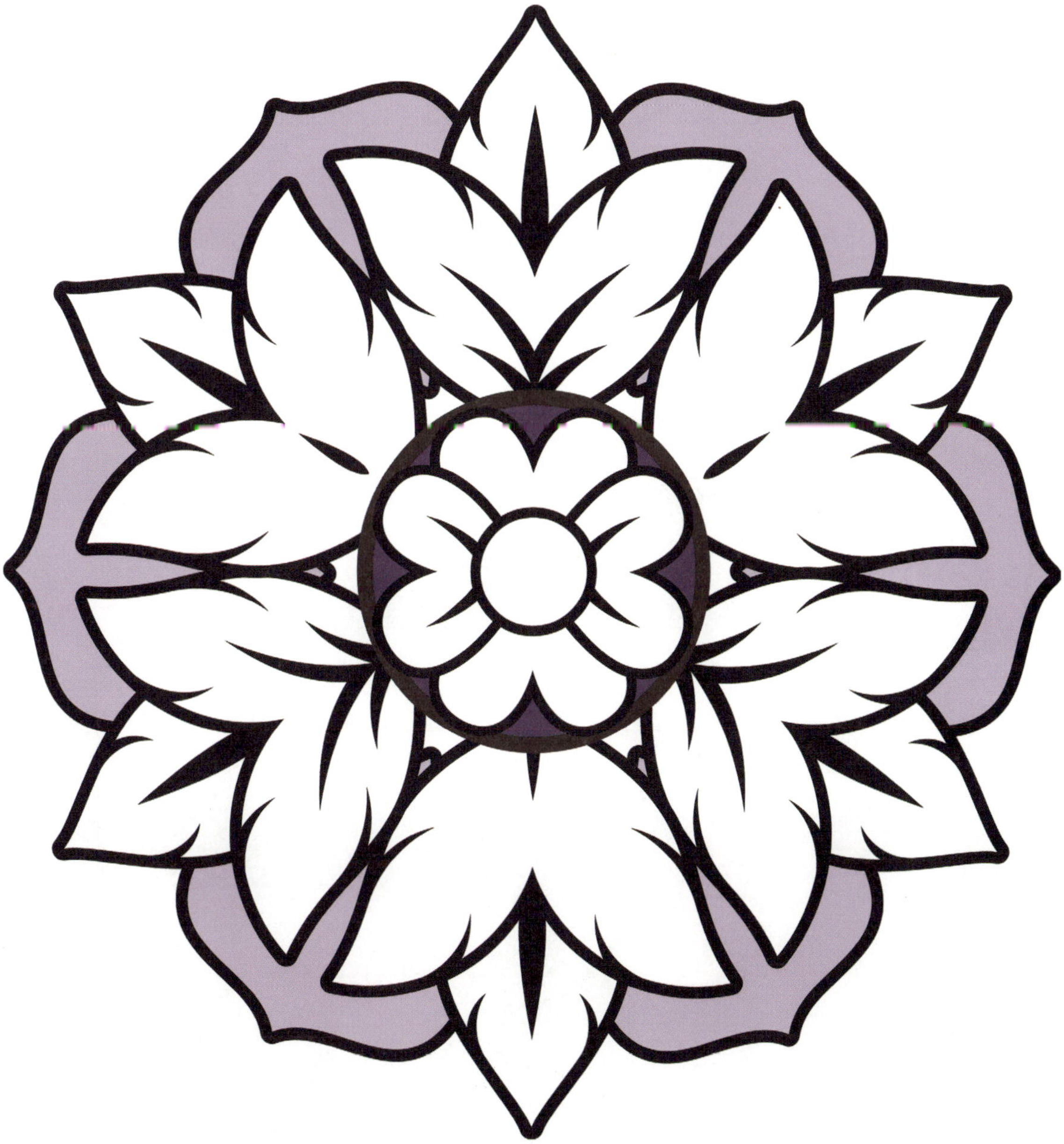

16	오늘 날짜	매일 5분 운동을 했나요?(4~5쪽)	틀린 문제 확인했나요?	내 사인
	년 월 일			

17

빈칸에 적힌 숫자를 보고, 책의 뒤에서 같은 숫자가 적힌 색깔과 도형의 스티커를 찾은 다음 위치에 붙여 주면 그림이 완성됩니다.

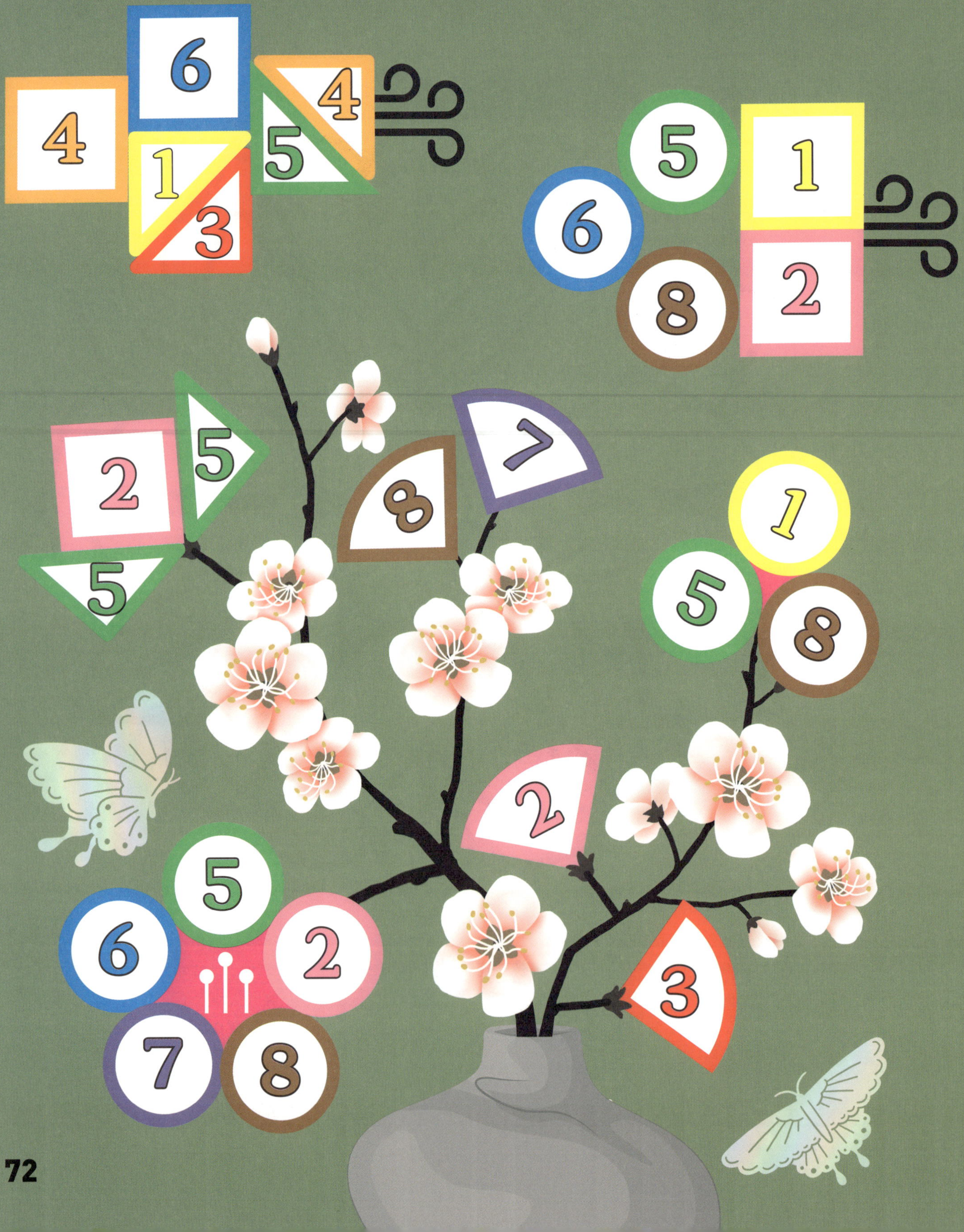

🌸 부록 125쪽에 있는 붙임 14 를 준비해 주세요.
종이 뒷면의 순서대로 접은 후 가위로 오려 주세요.

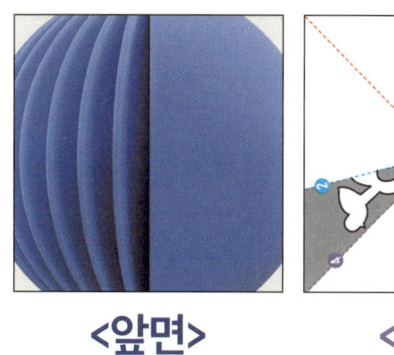

<앞면>

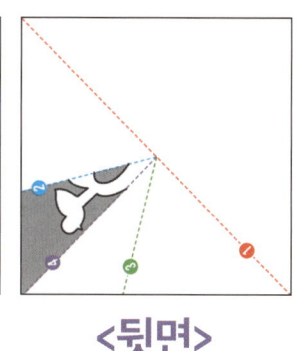

<뒷면>

❶ 뒷면의 빨간색 점선을 따라 반으로 접어 주세요.

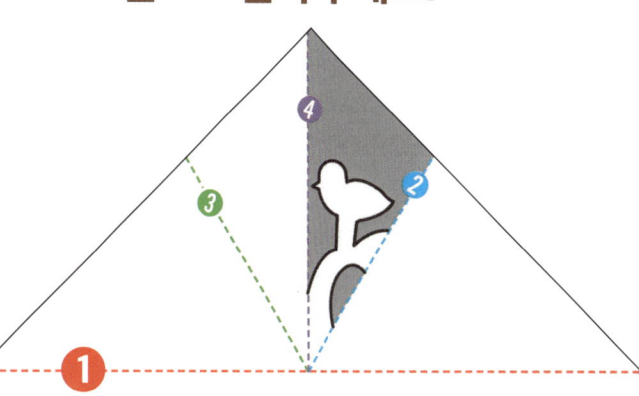

❷ 파란색 점선을 접어 주세요.

❸ 초록색 점선을 접어 주세요.

❹ 보라색 점선을 따라 반으로 접어 주세요.

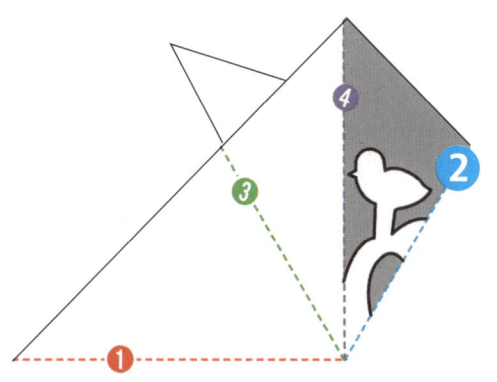
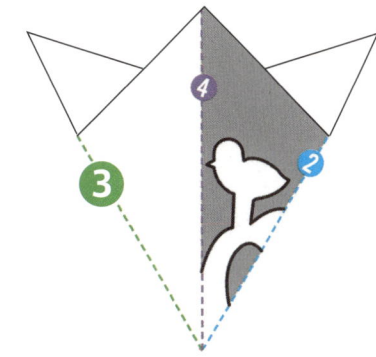
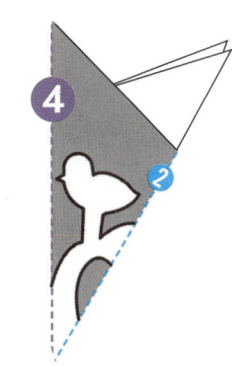

❺ 검은 선을 따라 오려 주세요.

❻ 펼치면 완성됩니다.

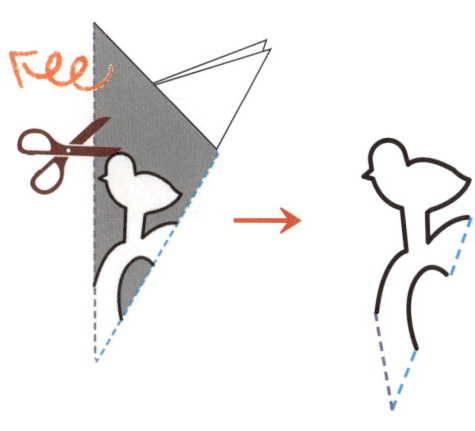

73

🌼 아래 그림들은 각각의 고유 숫자 값을 갖고 있습니다.
식을 이루게 하는 숫자 값을 구해 각 네모 안에 써 보세요.

파우치 + 파우치 + 파우치 = 21

배낭 + 파우치 = 28

핸드백 + 파우치 - 배낭 = 2

배낭 + 핸드백 - 파우치 - 더플백 = 20

❋ 여러분의 인생을 회상해 보는 시간입니다.
질문에 답해 주세요. (정답은 없습니다.)

- 함께 살아온 배우자에게 **마음속**에는 있지만 자주 못한 말을 써 보세요.

- 당신의 배우자에게 앞으로 **당부하고 싶은 말**은?

17 오늘 날짜	매일 5분 운동을 했나요?(4~5쪽)	틀린 문제 확인했나요?	내 사인
년 월 일			

 숨은 그림 **7**개를 찾아 보세요.

🌸 부록 127쪽에 있는 붙임 15 를 준비해 주세요.
종이 뒷면의 순서대로 접은 후 가위로 오려 주세요.

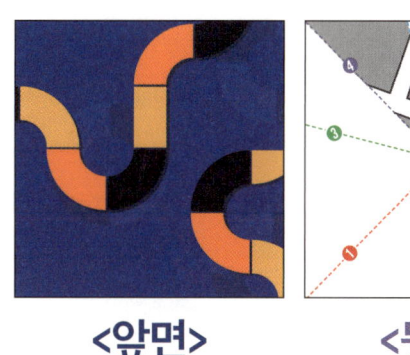

<앞면>   <뒷면>

❶ 뒷면의 빨간색 점선을 따라 반으로 접어 주세요.

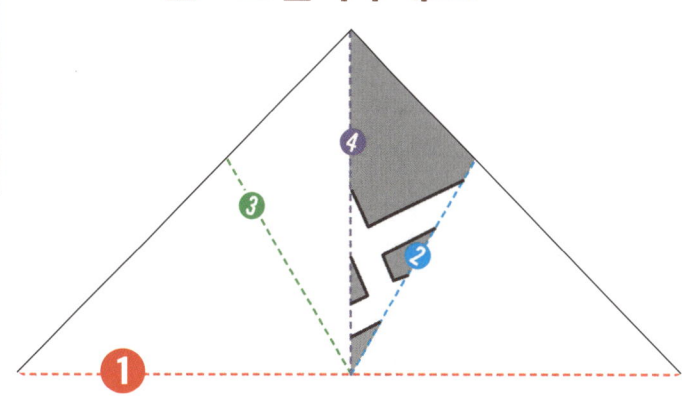

❷ 파란색 점선을 접어 주세요.

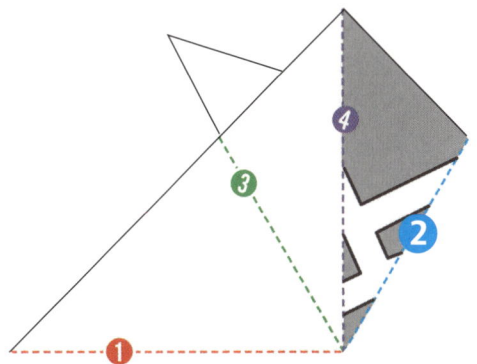

❸ 초록색 점선을 접어 주세요.

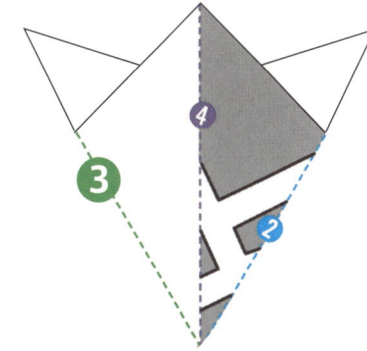

❹ 보라색 점선을 따라 반으로 접어 주세요.

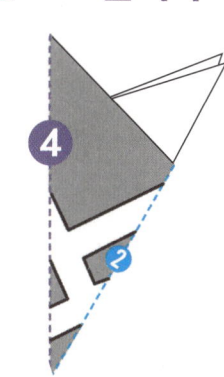

❺ 검은 선을 따라 오려 주세요.

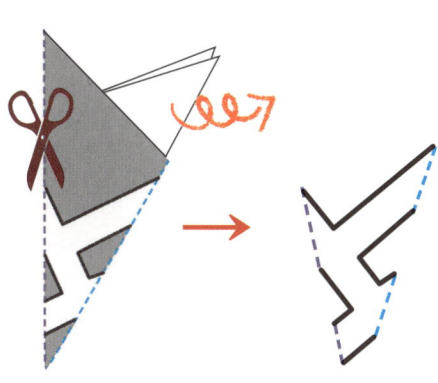

❻ 펼치면 완성됩니다.

77

🌸 각 그림의 그림자를 찾아 선으로 이어 주세요.

❋ 아래 표 안에 다양한 채소와 과일이 있습니다.
각 채소와 과일의 칸 수를 적어 주세요.

참외 (　　　)칸　　고추 (　　　)칸
오이 (　　　)칸　　배추 (　　　)칸
토마토 (　　　)칸　　딸기 (　　　)칸

19 빈칸에 적힌 숫자를 보고, 책의 뒤에서 같은 숫자가 적힌 색깔과 도형의 스티커를 찾은 다음 위치에 붙여 주면 그림이 완성됩니다.

🌸 부록 127쪽에 있는 붙임 16 을 준비해 주세요.
종이 뒷면의 순서대로 접은 후 가위로 오려 주세요.

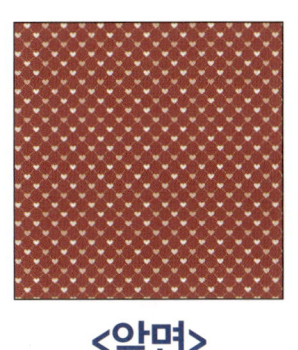
<앞면>

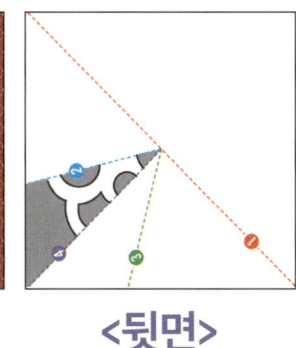
<뒷면>

❶ 뒷면의 빨간색 점선을 따라 반으로 접어 주세요.

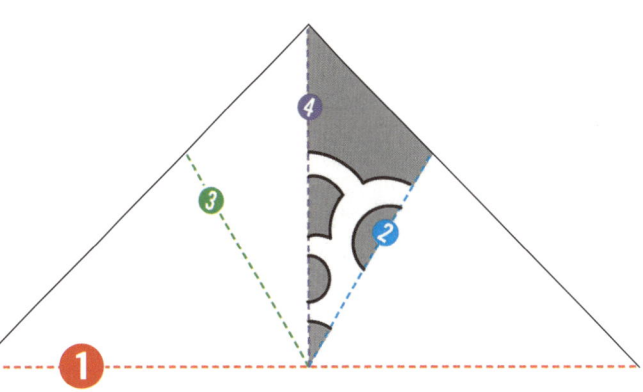

❷ 파란색 점선을 접어 주세요.

❸ 초록색 점선을 접어 주세요.

❹ 보라색 점선을 따라 반으로 접어 주세요.

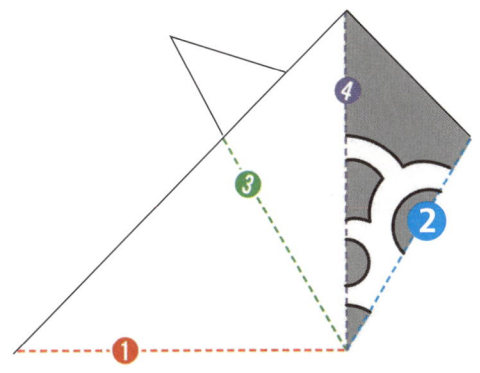
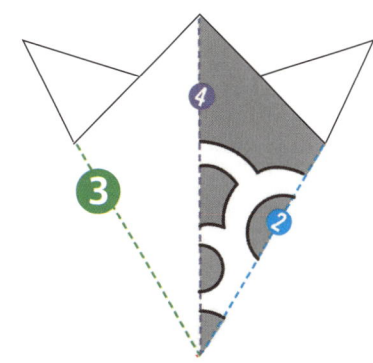
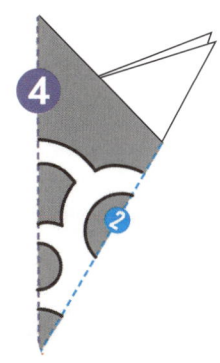

❺ 검은 선을 따라 오려 주세요.

❻ 펼치면 완성됩니다.

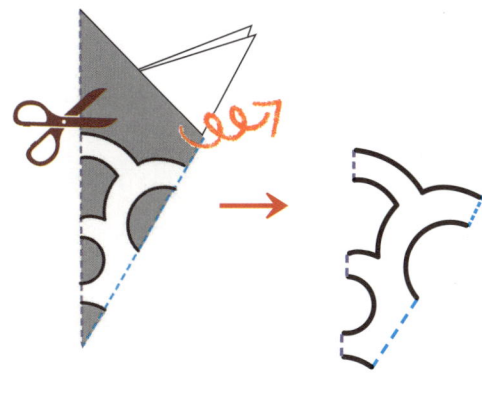
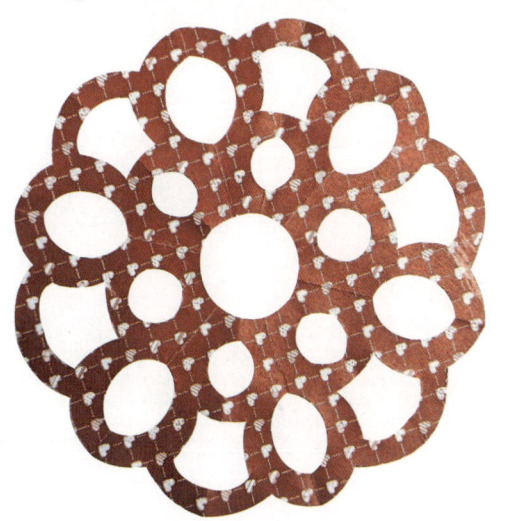

81

❋ 서로 다른 그림 5곳을 찾아 주세요.

❀ **여러분의 인생을 회상해 보는 시간입니다. 질문에 답해 주세요.** (정답은 없습니다.)

당신의 자녀들 이름을 적고 그들에게 하고 싶은 말을 적어 보세요.

_____

_____

_____

_____

_____

_____

_____

19 오늘 날짜	매일 5분 운동을 했나요?(4~5쪽)	틀린 문제 확인했나요?	내 사인
년 월 일			

20 숨은 그림 7개를 찾아 보세요.

❋ <보기>에서 해당 문양을 찾아 같은 색으로 도안을 칠해 보세요.

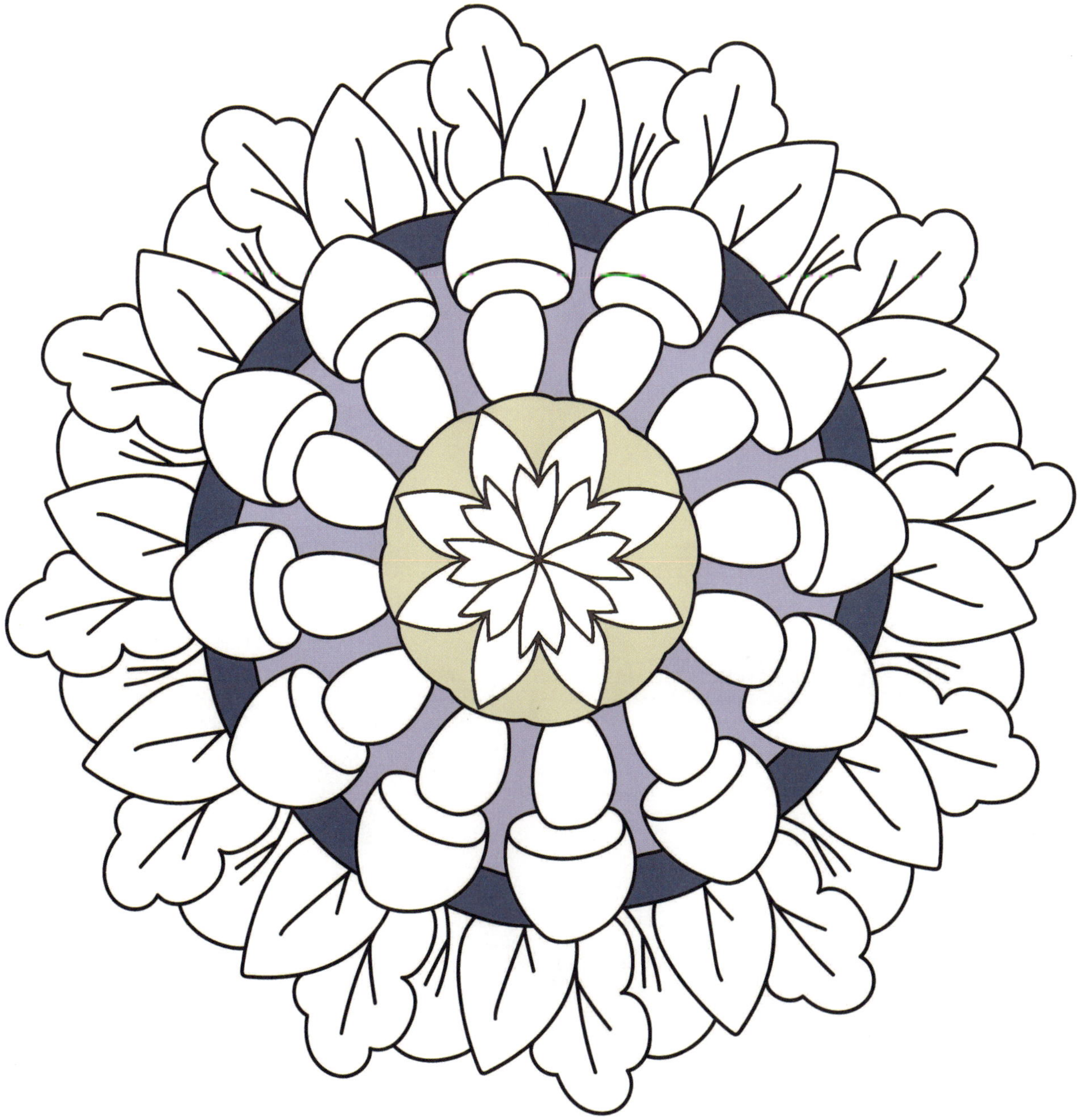

✿ <보기>와 같은 그림을 찾아 동그라미표 해 보세요.

🌸 집중력을 위한 원고지 따라 쓰기를 해 보세요.

　　인생은　롤러코스터와도
같이　오르락내리락하지요.
　　하지만　소리를　지르든
그것을　즐기든　그건　여
러분의　선택입니다.

상 장

성 명 _____

위 사람은 생활 속에서 관심이 많고 열심히 배우며
궁금증을 풀기 위해 온 마음과 힘을 기울이는 모습이
다른 사람들에게 모범이 되므로
이 상장을 수여합니다.

도서출판 큰그림 드림

정답

오늘도 재밌는 뇌운동

01회 정답

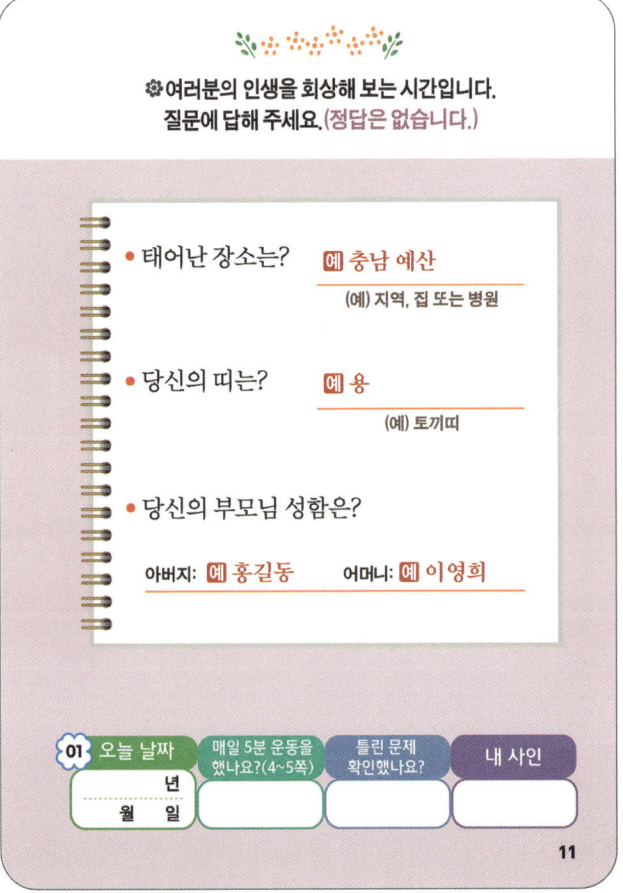

02회 정답

03회 정답

03 빈칸에 적힌 숫자를 보고, 책의 뒤에서 같은 숫자가 적힌 색깔과 도형의 스티커를 찾은 다음 위치에 붙여 주면 그림이 완성됩니다.

● 부록 115쪽에 있는 붙임 3 을 준비해 주세요.
종이 뒷면의 순서대로 접은 후 가위로 오려 주세요.

● 아래 그림들은 각각의 고유 숫자 값을 갖고 있습니다.
식을 이루게 하는 숫자 값을 구해 각 네모 안에 써 보세요.

🍊 + 🍊 + 🍊 = 9
3

🍐 + 🍐 + 🍊 = 19
8

🌷 + 🍐 − 🍊 = 6
1

🌺 + 🍐 − 🌷 + 🍊 = 15
5

● 여러분의 인생을 회상해 보는 시간입니다.
질문에 답해 주세요. (정답은 없습니다.)

- 어릴 때 부모님과 살던 **집**의 특징을 기억나는 대로 써 보세요.
  예) 집 옆에 저수지가 있고, 봄이 되면 벚꽃이 활짝 폈다.

- 어릴 때 그 집에서 하루 일과 중 행복하던 순간은?
  예) 동생과 머리 따고 꽃반지 만들고 놀았다.

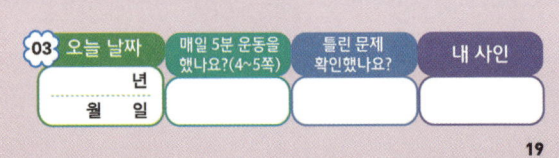

04회 정답

04 숨은 그림 7개를 찾아 보세요.

집중력을 위한 원고지 따라 쓰기를 해 보세요.

	돈	이		다		무	슨		소	용	인
가	요	?									
	사	람	이		아	침	에		일	어	나
밤	에		잠	들	기	까	지		그		사
이	에		하	고		싶	은		일	을	
한	다	면		그		사	람	은		성	공
한		것	입	니	다	.					

	돈	이		다		무	슨		소	용	인
가	요	?									
	사	람	이		아	침	에		일	어	나
밤	에		잠	들	기	까	지		그		사
이	에		하	고		싶	은		일	을	
한	다	면		그		사	람	은		성	공
한		것	입	니	다	.					

\- 밥 딜런 -

각 그림의 그림자를 찾아 동그라미표 해 주세요.

93

05회 정답

❋ 지폐와 동전을 합한 금액은 얼마인지 계산해 주세요.

430,000 원

127,800 원

325,800 원

❋ 여러분의 인생을 회상해 보는 시간입니다.
질문에 답해 주세요. (정답은 없습니다.)

결혼하던 날을 기억해 보세요. **날씨**는 어땠는지, 어떤 옷을 입었는지, 나의 **배우자**는 어떤 모습이었는지 등 인상적인 것을 기억을 더듬어 생각해 써 주세요.

예 날씨는 화창했다. 나는 한복을 입고 연지, 곤지를 붙였다. 내 남편은 키는 작지만 야무지게 잘생겼다. 그날은 참 좋기도 하고, 슬프기도 한 날이었다. 엄마 없는 어린 남동생을 두고 시집가는 날이 슬펐다.

06회 정답

07회 정답

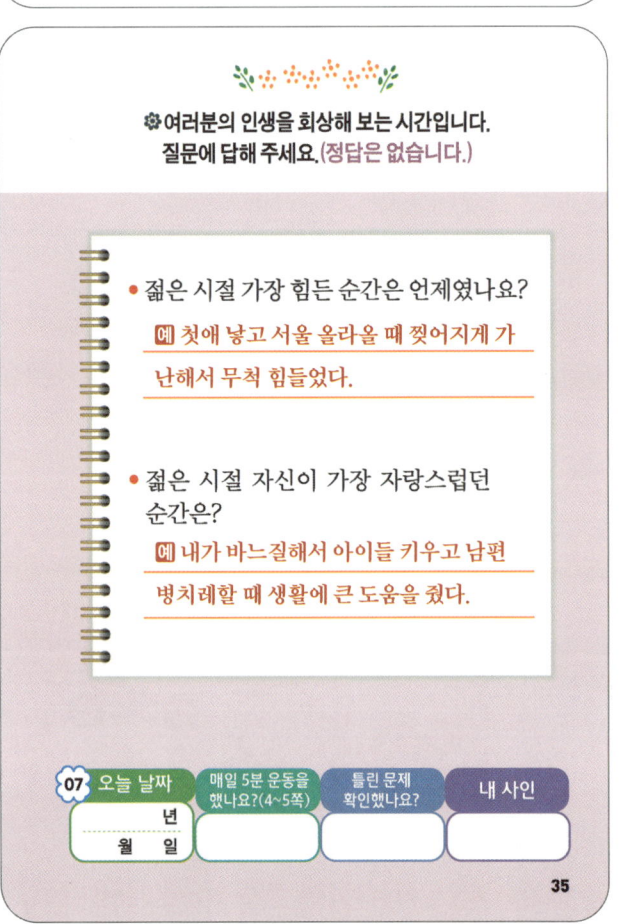

08회 정답

08 숨은 그림 **7**개를 찾아 보세요.

❀ 부록 119쪽에 있는 붙임 7 을 준비해 주세요.
종이 뒷면의 순서대로 접은 후 가위로 오려 주세요.

❀ 집중력을 위한 원고지 따라 쓰기를 해 보세요.

		잘	못	된		것	에		너	무		연
연	하	지		마	세	요	.					
		그		대	신		다	음	에		할	
일	에		집	중	하	세	요	.				
		해	답	을		향	해		함	께		나
아	가	는		데		에	너	지	를		소	
비	하	세	요	.								

		잘	못	된		것	에		너	무		연
연	하	지		마	세	요	.					
		그		대	신		다	음	에		할	
일	에		집	중	하	세	요	.				
		해	답	을		향	해		함	께		나
아	가	는		데		에	너	지	를		소	
비	하	세	요	.								

- 데이스 웨이틀리 -

❀ 〈보기〉에서 해당 문양을 찾아 같은 색으로 도안을 칠해 보세요.

97

09회 정답

9, 2, 16, 30

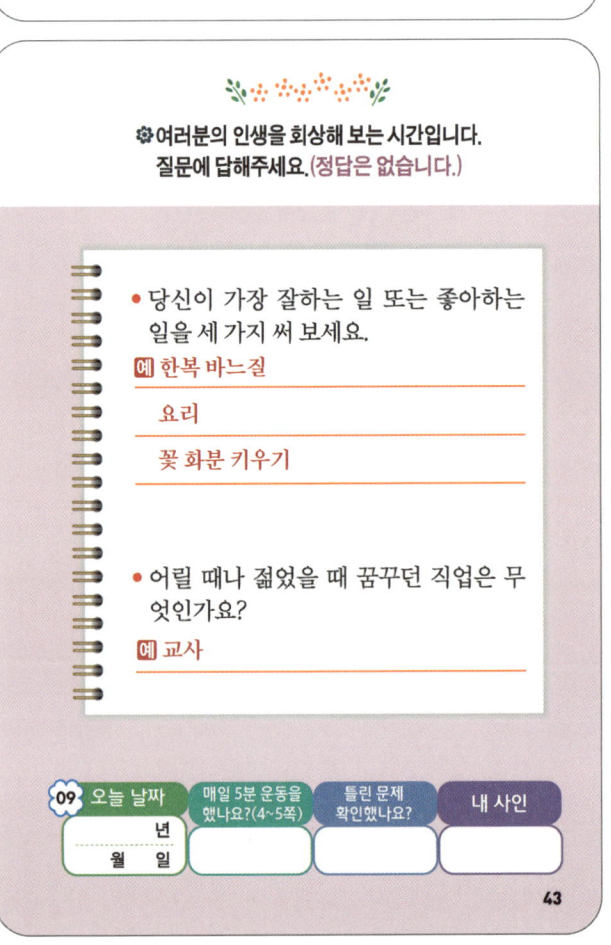

- 당신이 가장 잘하는 일 또는 좋아하는 일을 세 가지 써 보세요.
  예 한복 바느질
  요리
  꽃 화분 키우기

- 어릴 때나 젊었을 때 꿈꾸던 직업은 무엇인가요?
  예 교사

10회 정답

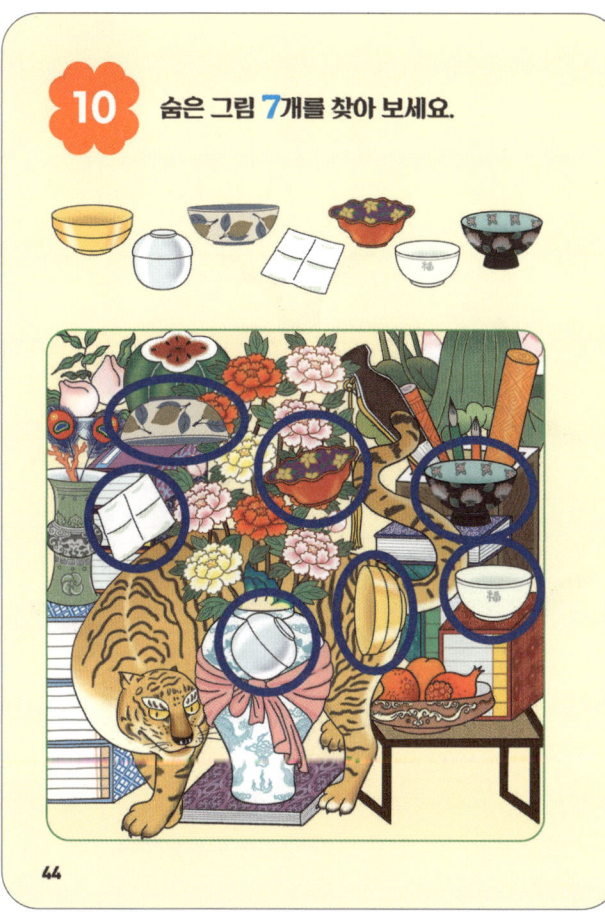

숨은 그림 **7**개를 찾아 보세요.

〈보기〉에서 해당 문양을 찾아 같은 색으로 도안을 칠해 보세요.

서로 다른 그림 5곳을 찾아 주세요.

각 그림의 그림자를 찾아 동그라미를 치고, 그 이름을 적어 주세요.

11회 정답

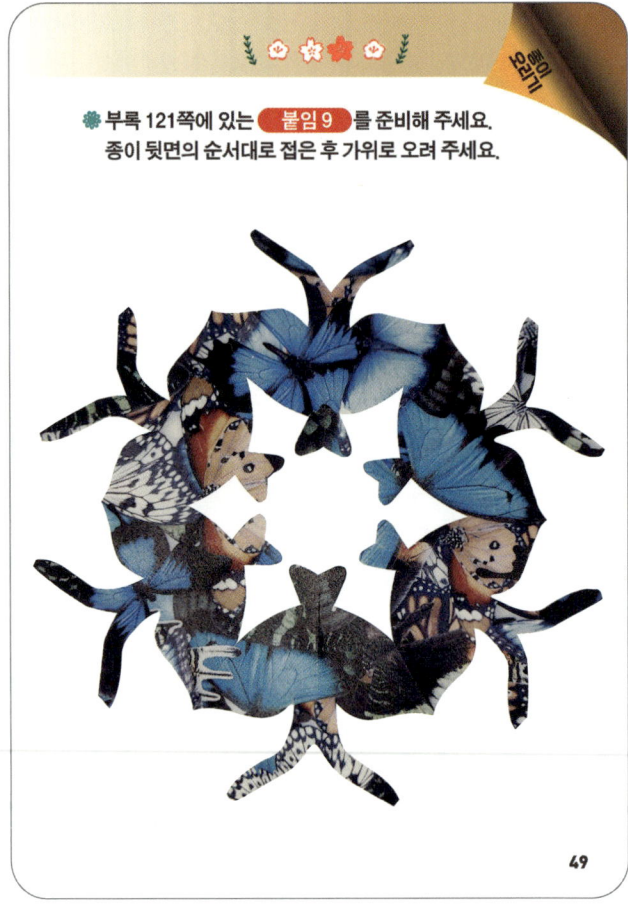

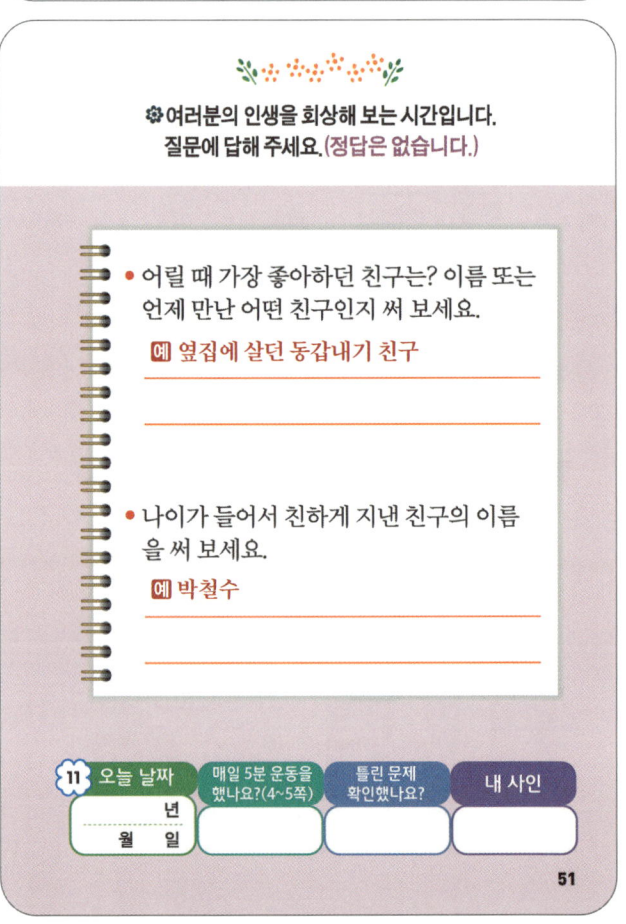

12회 정답

12 숨은 그림 **7**개를 찾아 보세요.

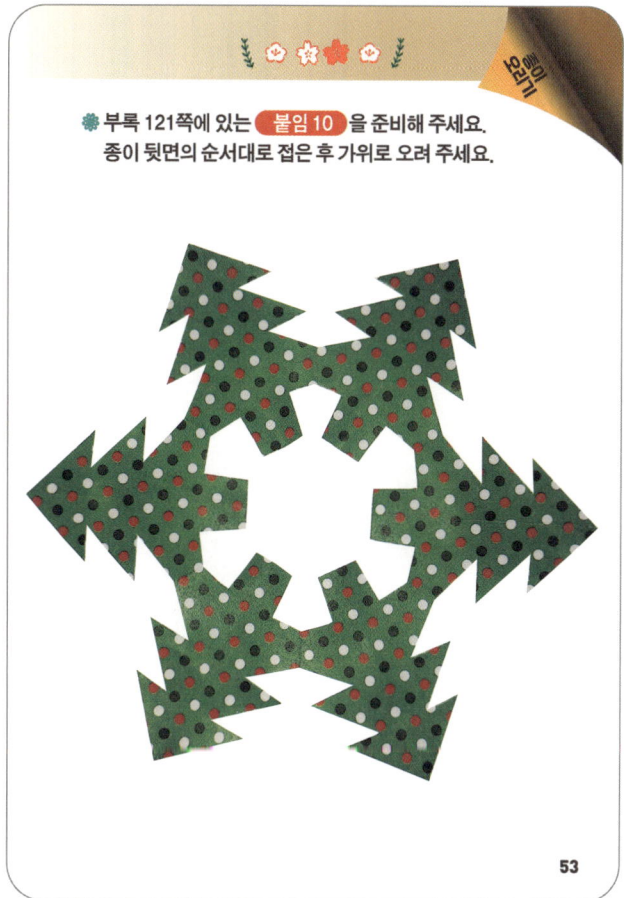

🌸 집중력을 위한 원고지 따라 쓰기를 해 보세요.

🌸 〈보기〉에서 해당 문양을 찾아 같은 색으로 도안을 칠해 보세요.

101

13회 정답

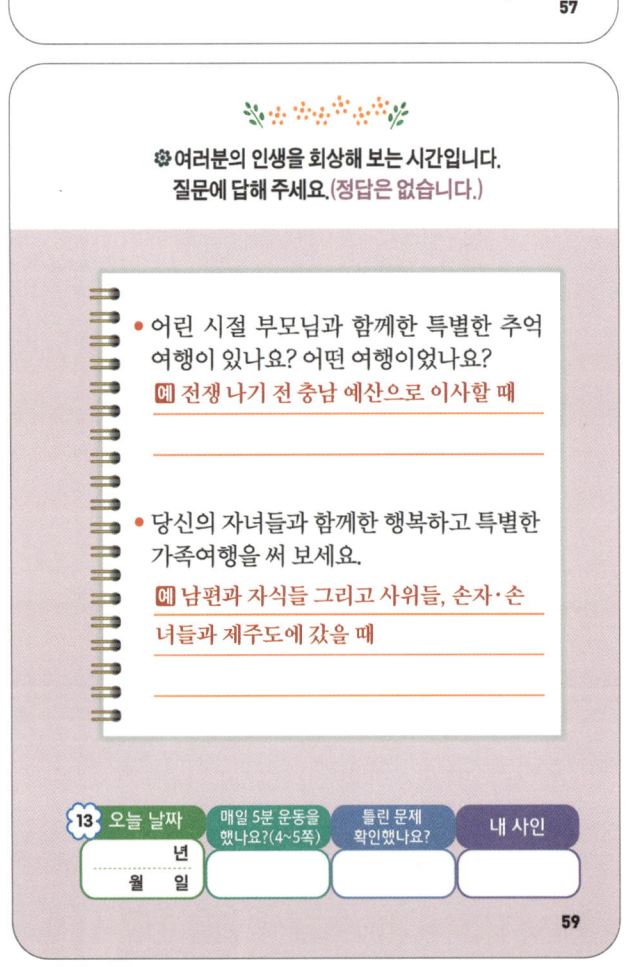

14회 정답

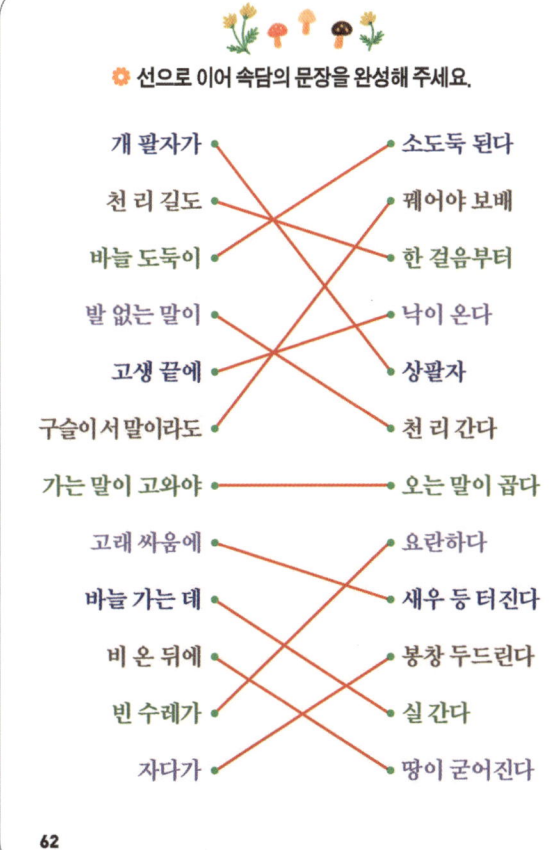

15회 정답

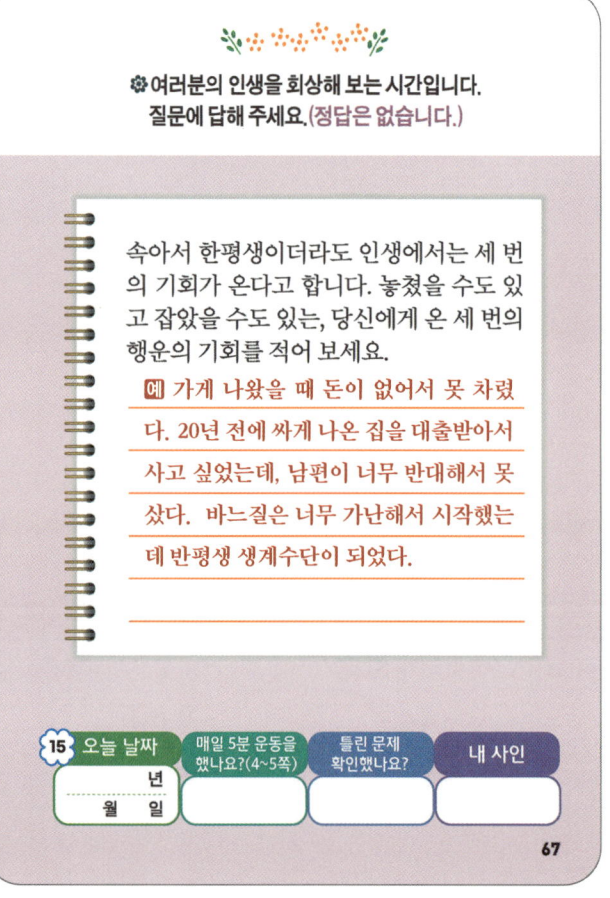

16회 정답

17회 정답

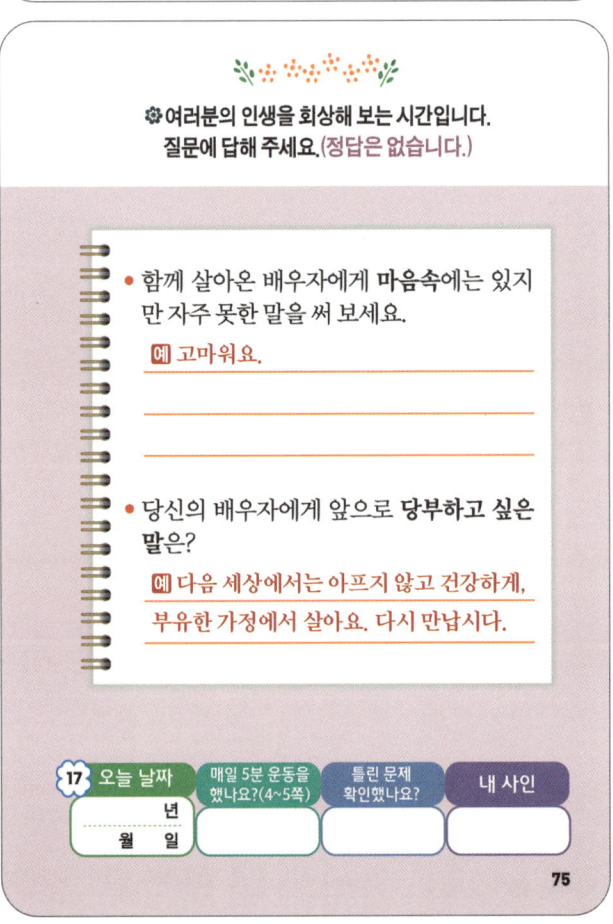

18회 정답

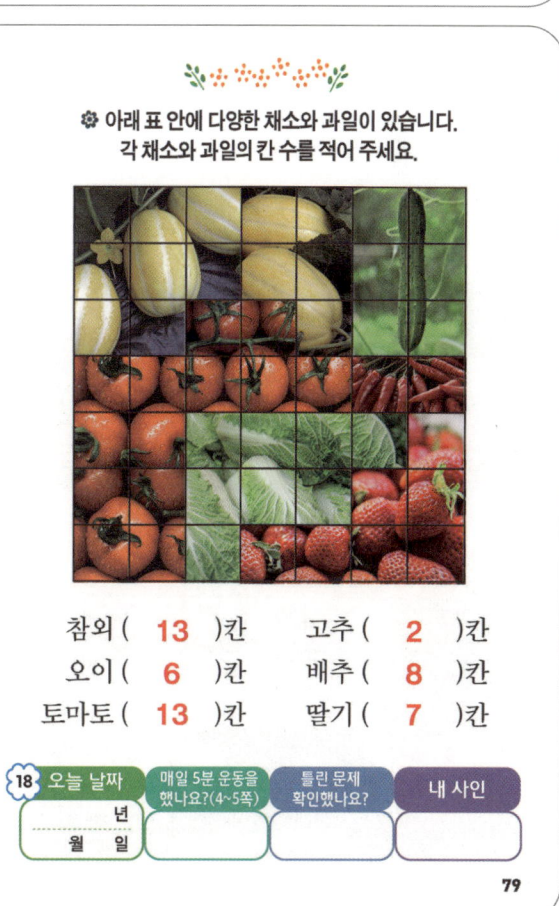

참외 (13)칸 고추 (2)칸
오이 (6)칸 배추 (8)칸
토마토 (13)칸 딸기 (7)칸

19회 정답

빈칸에 적힌 숫자를 보고, 책의 뒤에서 같은 숫자가 적힌 색깔과 도형의 스티커를 찾은 다음 위치에 붙여 주면 그림이 완성됩니다.

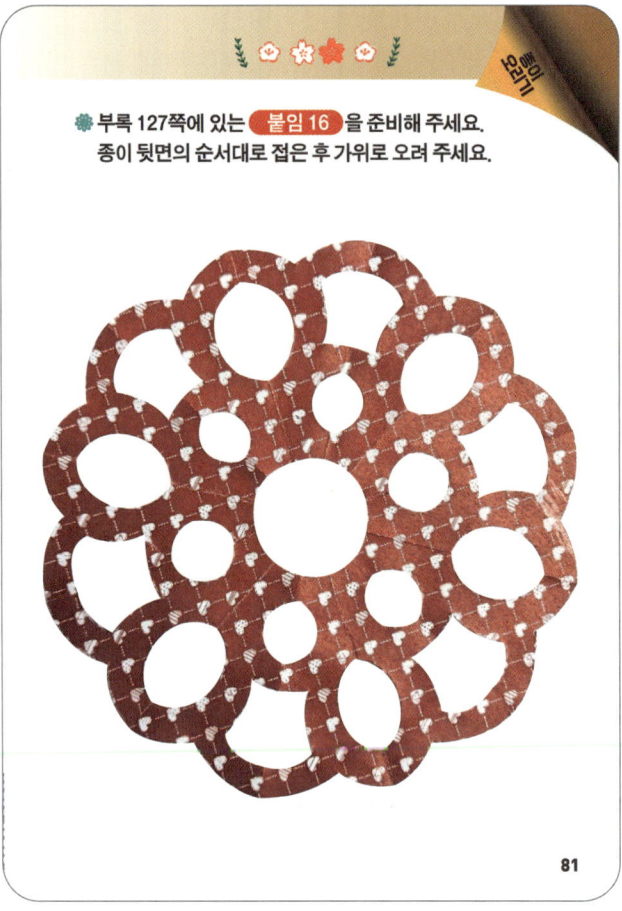

❀ 부록 127쪽에 있는 붙임 16 을 준비해 주세요. 종이 뒷면의 순서대로 접은 후 가위로 오려 주세요.

❀ 서로 다른 그림 5곳을 찾아 주세요.

❀ 여러분의 인생을 회상해 보는 시간입니다. 질문에 답해 주세요. (정답은 없습니다.)

당신의 자녀들 이름을 적고 그들에게 하고 싶은 말을 적어 보세요.
예 경숙아, 장녀로 고생했다. 둘째 경희야, 첫째와 셋째 사이에 끼어서 착하게 커 줘서 고맙다. 동생 아껴 줘서 고마웠다. 막내 아들 장손 건영아, 늘 걱정이 앞서지만 지금처럼 잘 살아갈 거라 믿는다.

20회 정답

숨은 그림 7개를 찾아 보세요.

〈보기〉에서 해당 문양을 찾아 같은 색으로 도안을 칠해 보세요.

〈보기〉와 같은 그림을 찾아 동그라미 해보세요.

집중력을 위한 원고지 따라 쓰기를 해 보세요.

연세 많은 어르신

숨은그림찾기를 좋아하는 어르신

스티커 붙이기를 좋아하는 어르신

경증 치매 진단을 받은 어르신에게도 도움이 됩니다.

숨은그림찾기 : 연중행사 편

치매 예방을 위한
**오늘도 재밌는 뇌운동 **

- 다른그림찾기 10편
- 숨은그림찾기 10편
  (김장, 설날, 입학식, 벚꽃 놀이, 단오, 여름휴가, 생일잔치, 전통 혼례, 단풍놀이, 크리스마스)
- 십자말풀이 10편
- 수 계산하기 12편
- 아름다운 시 따라 쓰기 3편

정가 8,500원

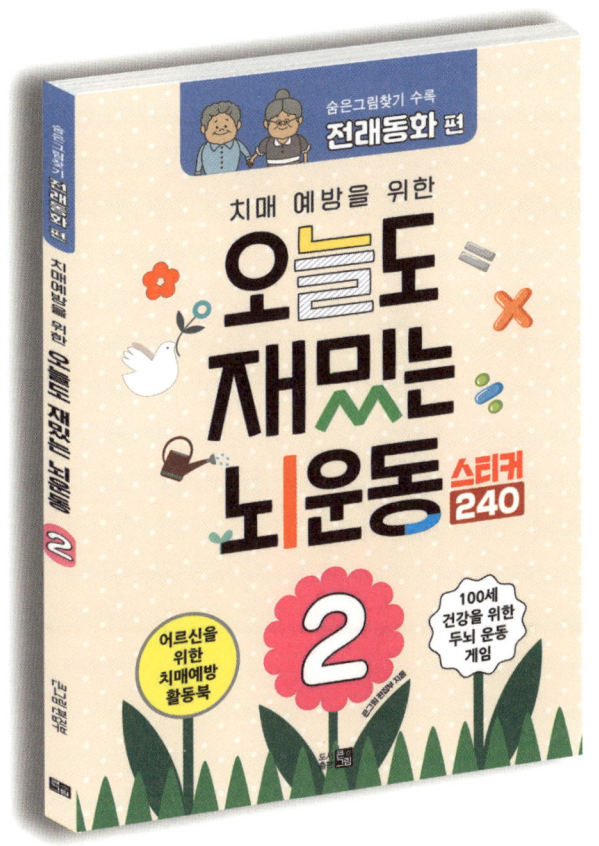

숨은그림찾기 : 전래동화 편

치매 예방을 위한
오늘도 재밌는 뇌운동 ❷

- 숨은그림찾기 10편
  (단군 신화, 토끼전, 흥부전, 해와 달이 된 오누이, 춘향전, 금도끼 은도끼, 콩쥐팥쥐, 심청전, 자린고비, 견우와 직녀)
- 스티커 붙이기 10편
- 십자말풀이, 길 찾기, 수 계산하기, 색칠하기, 끝말잇기, 아름다운 시 따라 쓰기 등

정가 10,000원

숨은그림찾기 : 추억놀이 편

치매 예방을 위한
오늘도 재밌는 뇌운동 ❸

- 숨은그림찾기 10편
  (무궁화 꽃이 피었습니다, 말뚝박기, 구슬치기, 숨바꼭질, 고무줄놀이, 돌차기, 딱지치기, 공기놀이, 수건돌리기, 보물찾기)
- 스티커 붙이기 10편
- 점 잇기, 그림 조각 맞추기, 색칠하기, 그림자 찾기, 끝말잇기, 나머지 반쪽 그리기, 아름다운 시 따라 쓰기, 십자말풀이, 수 계산하기 등

정가 10,000원

113~128쪽은
종이 오리기를 위한 붙임 자료입니다.
절취선을 가위로 잘라
색종이로 사용해 주세요.

붙임 1 9쪽에 사용

붙임 2 13쪽에 사용

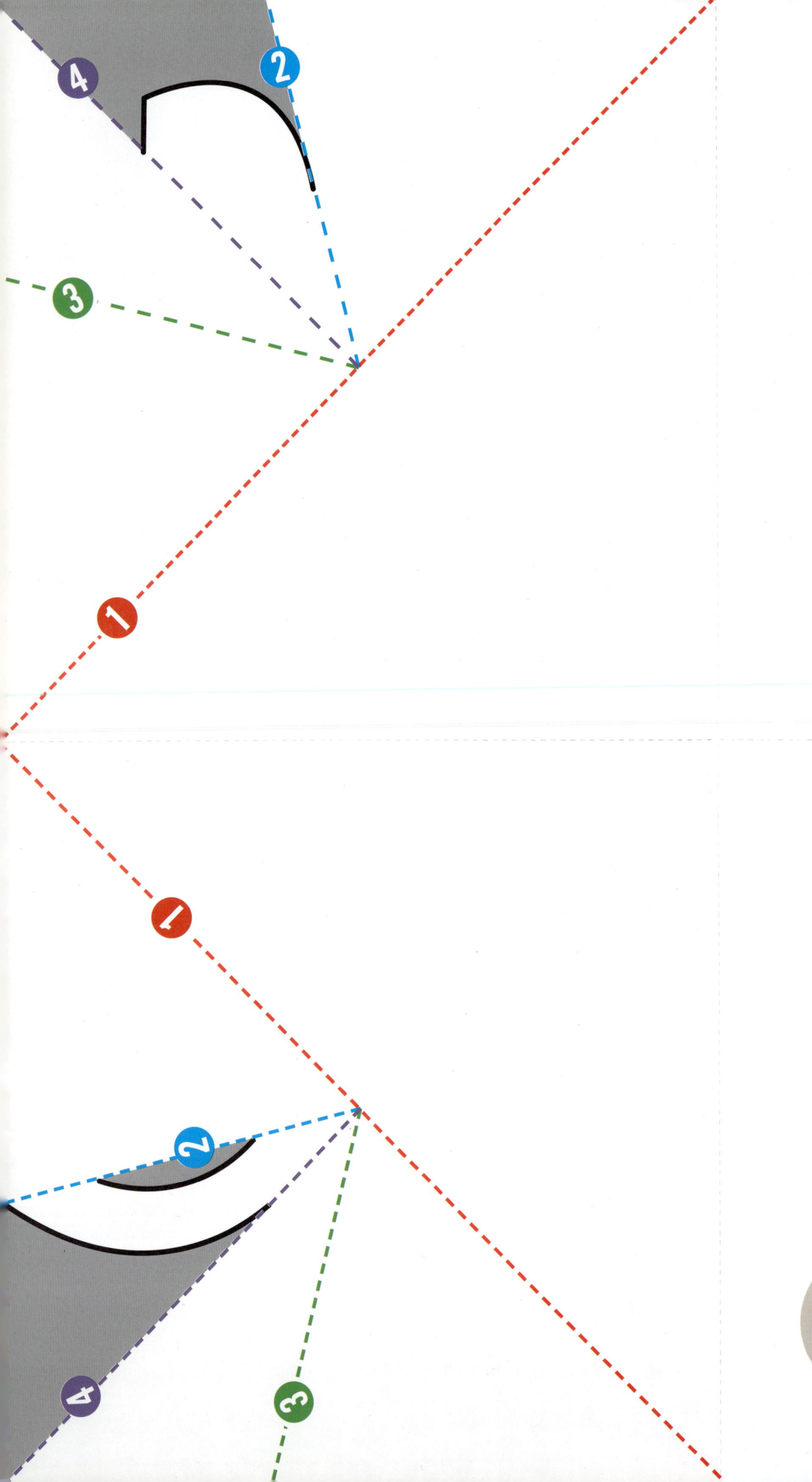

114쪽 입니다.

절취선

붙임 3

17쪽에 사용

절취선

붙임 4

21쪽에 사용

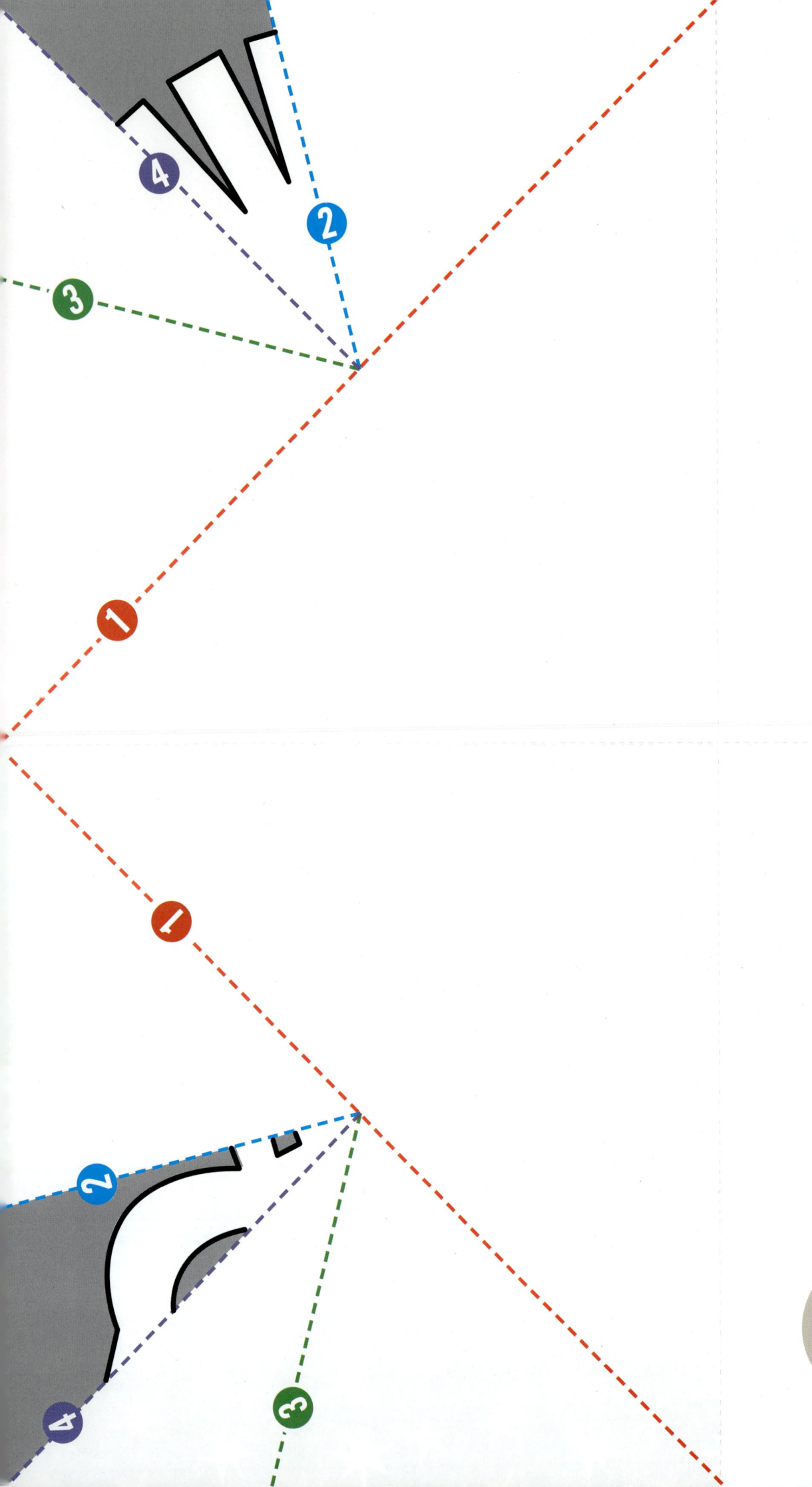

116쪽 입니다.

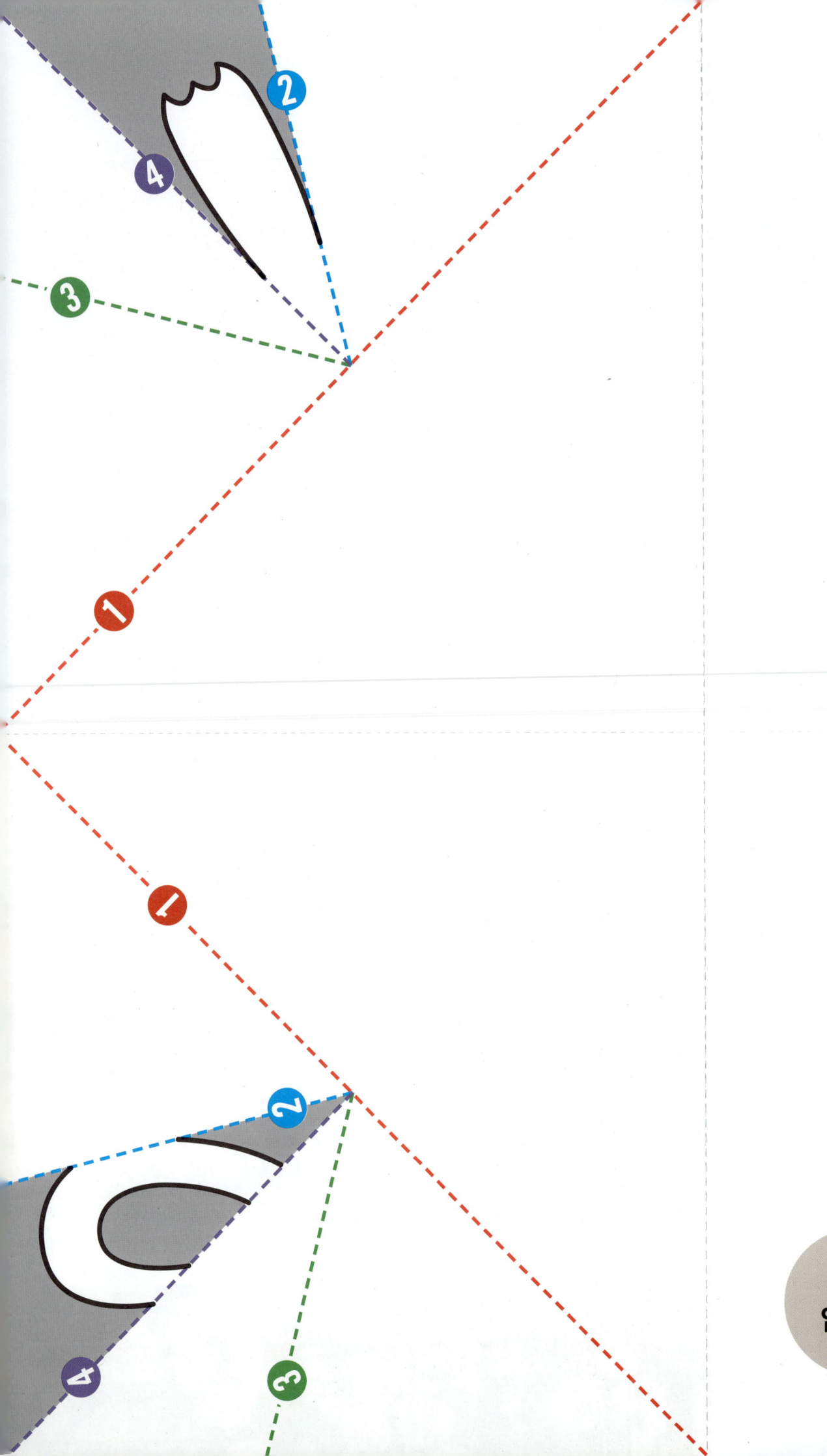

붙임 7

37쪽에 사용

붙임 8

41쪽에 사용

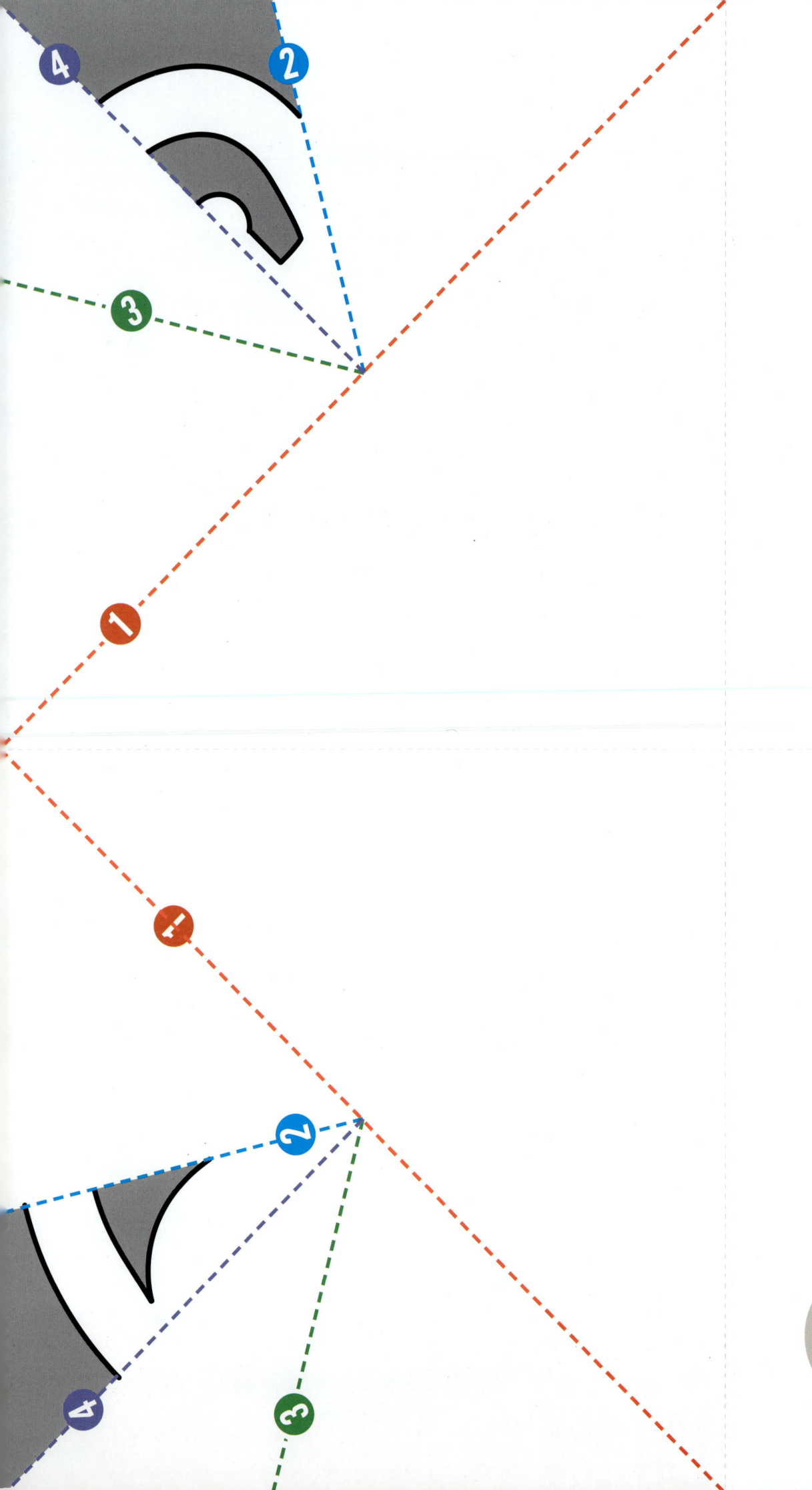

120쪽 입니다.

절취선

붙임 9

49쪽에 사용

절취선

붙임 10

53쪽에 사용

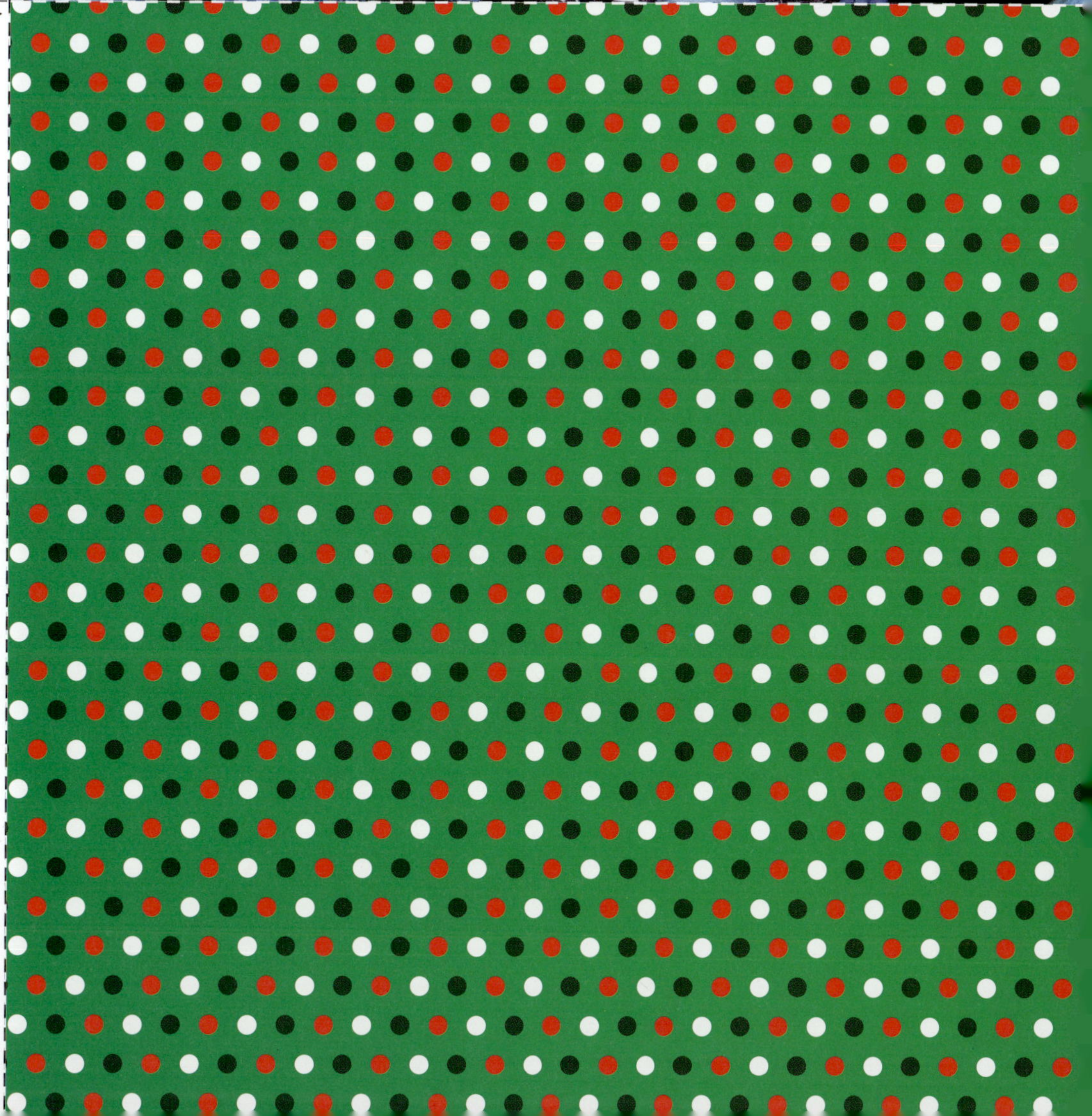

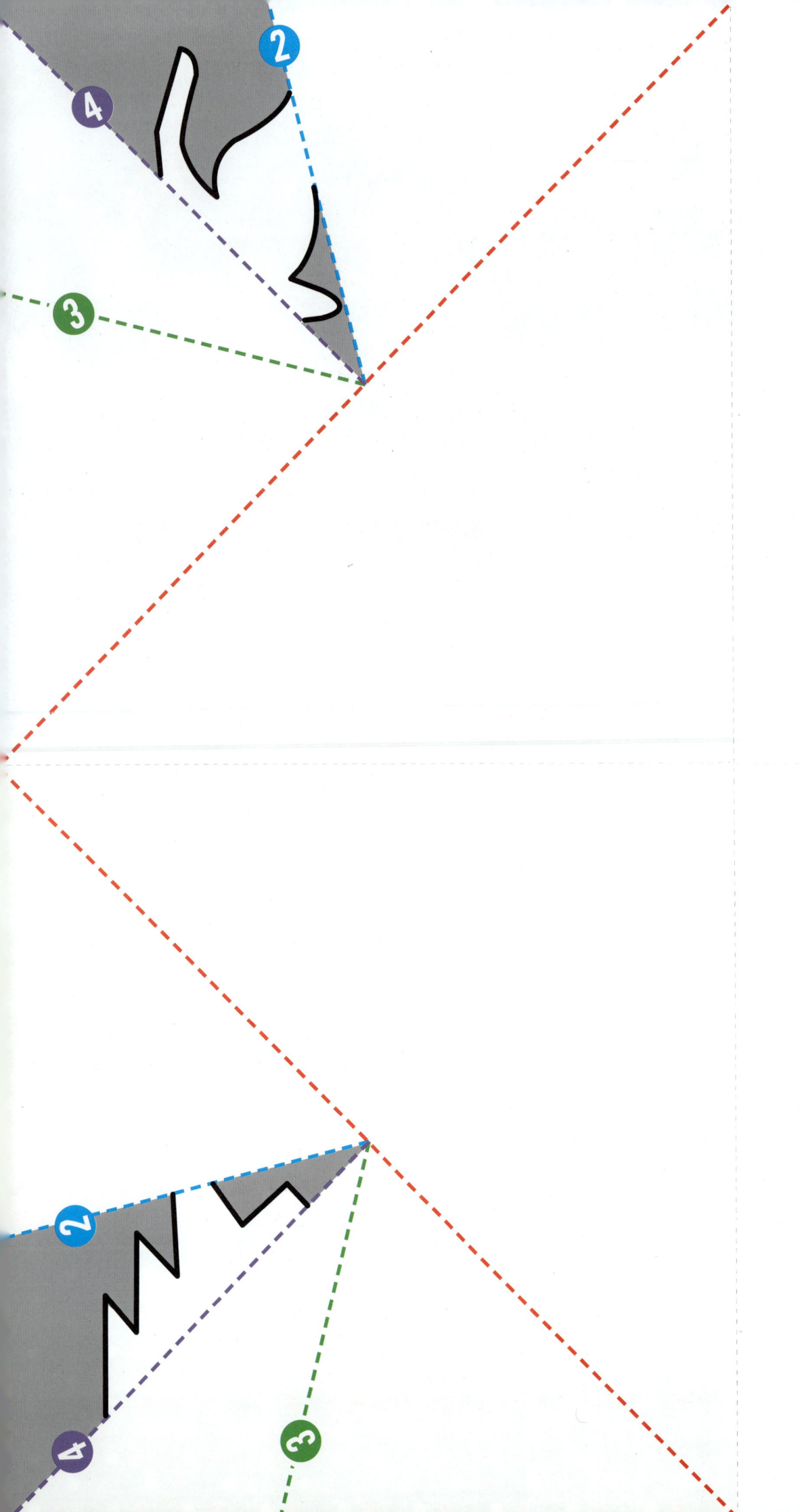

122쪽 입니다.

붙임 11
57쪽에 사용

붙임 12
61쪽에 사용

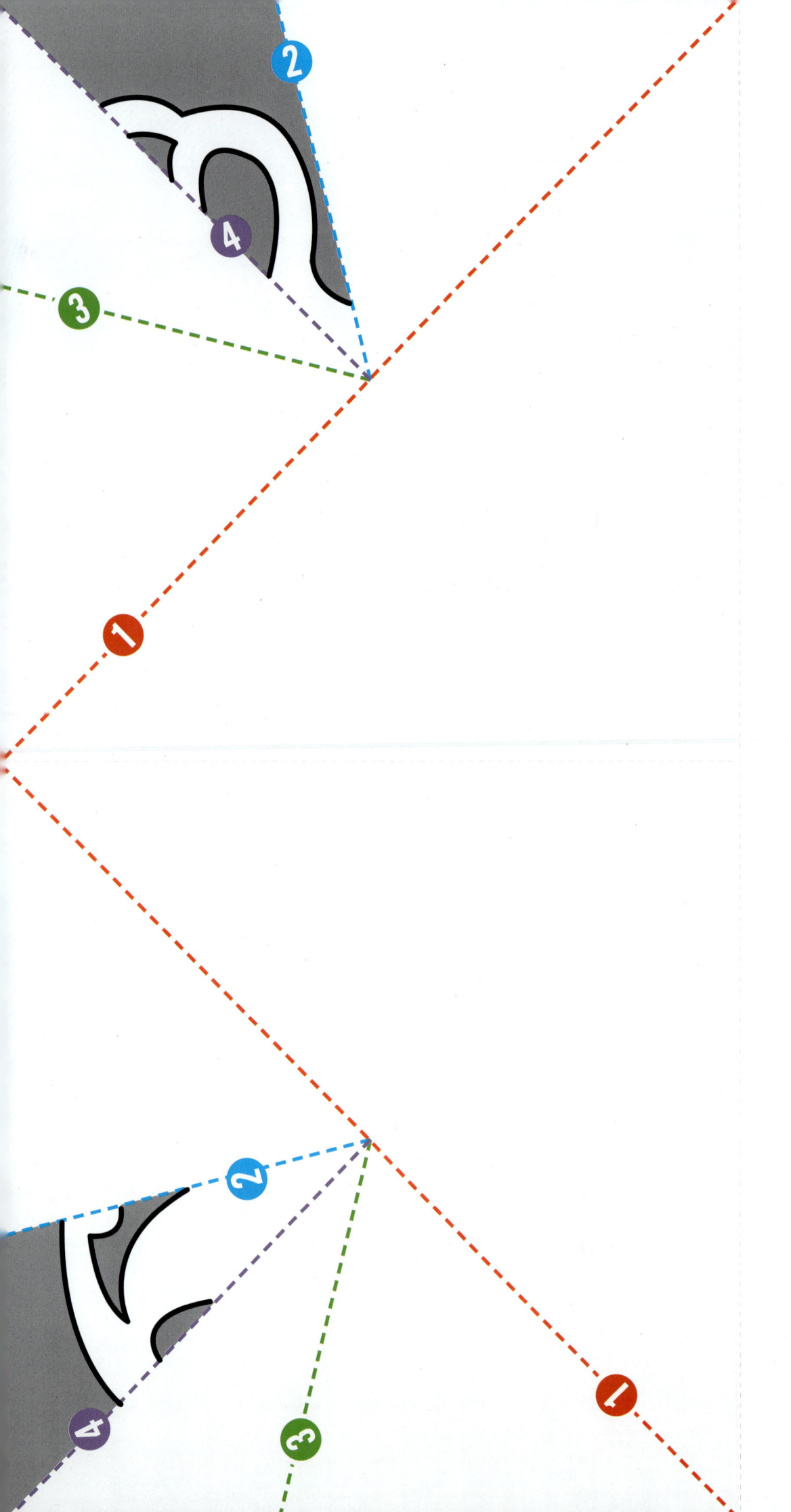

124쪽 입니다.

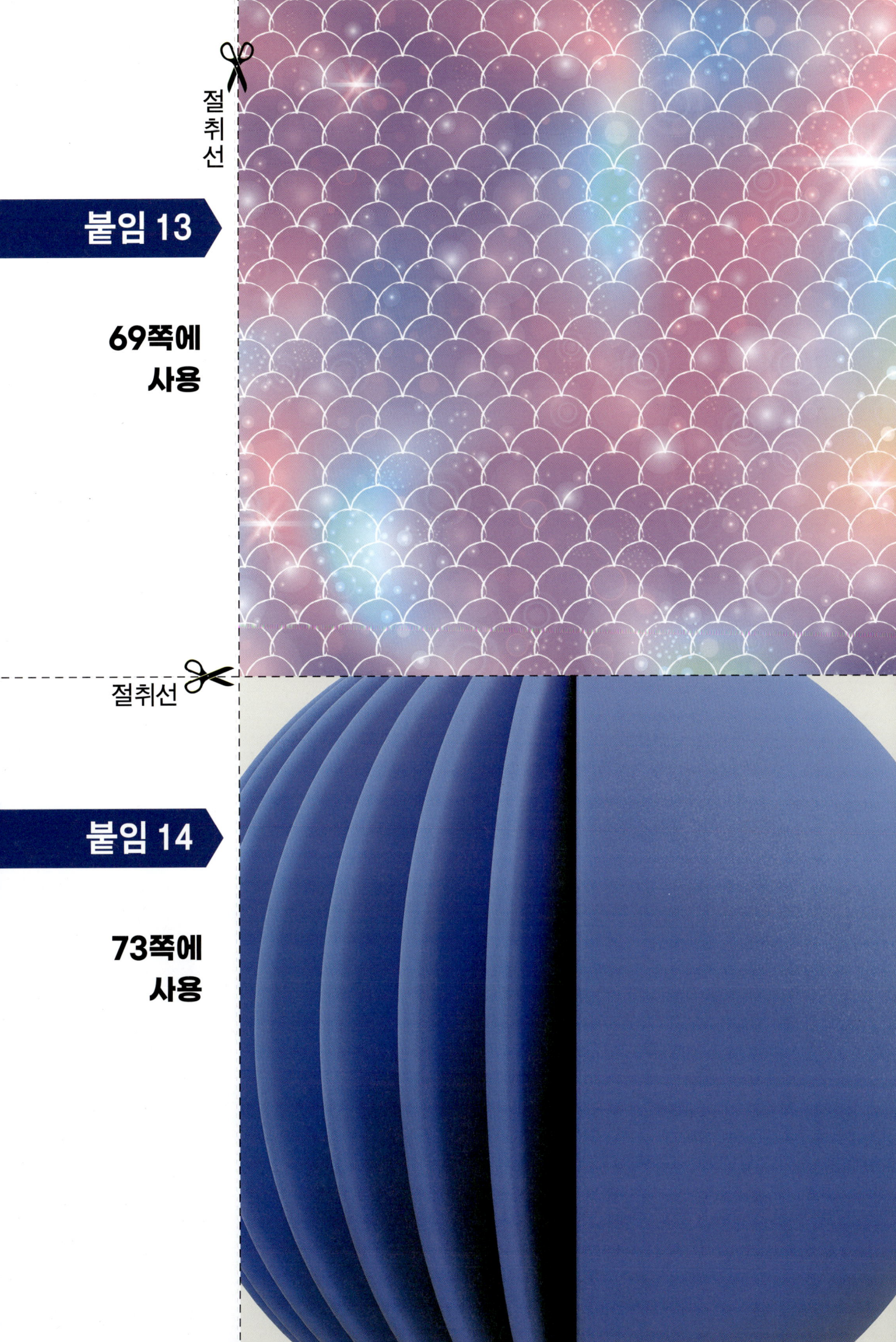

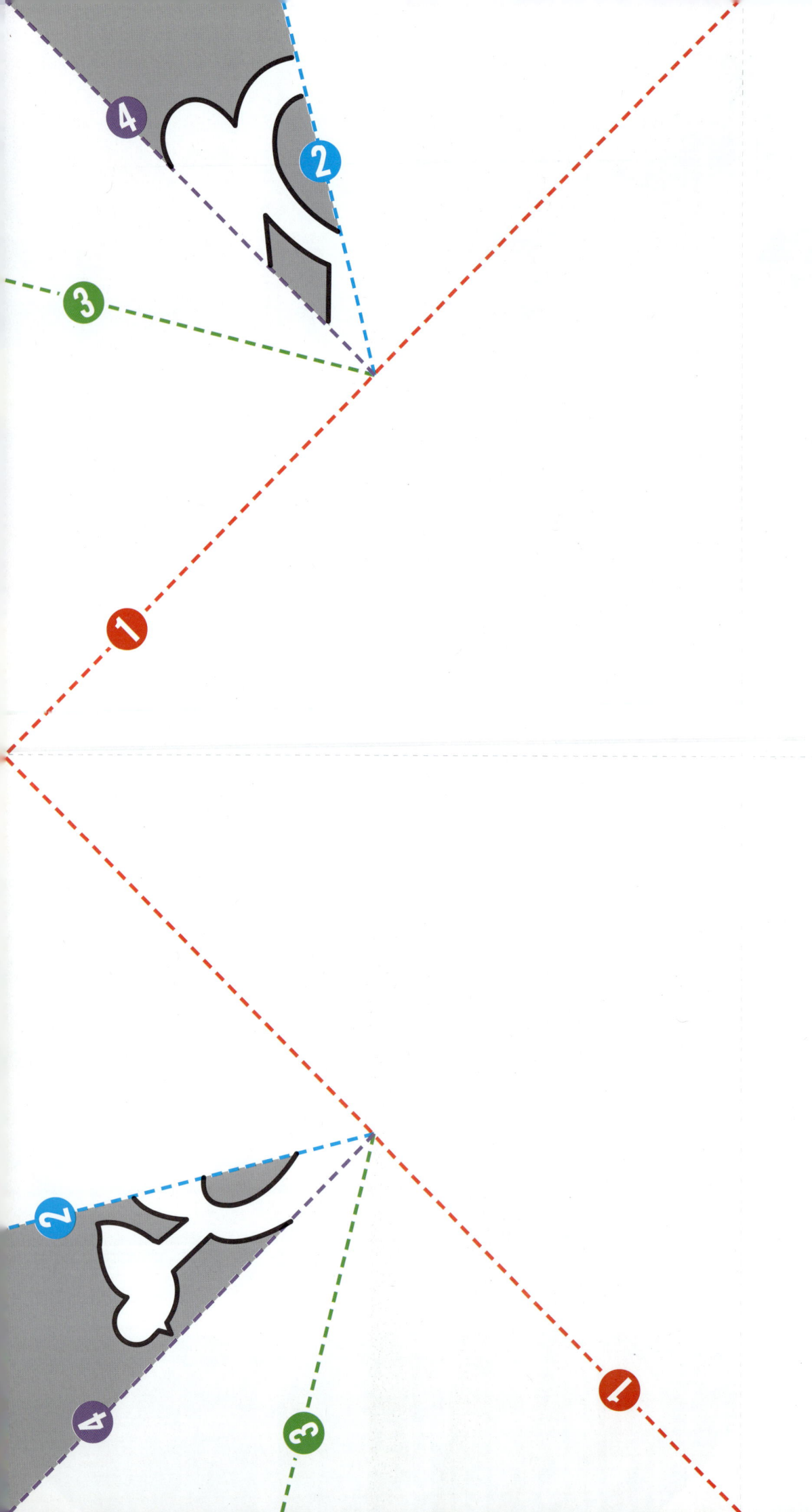

✂ 절취선

붙임 15

77쪽에 사용

✂ 절취선

붙임 16

81쪽에 사용

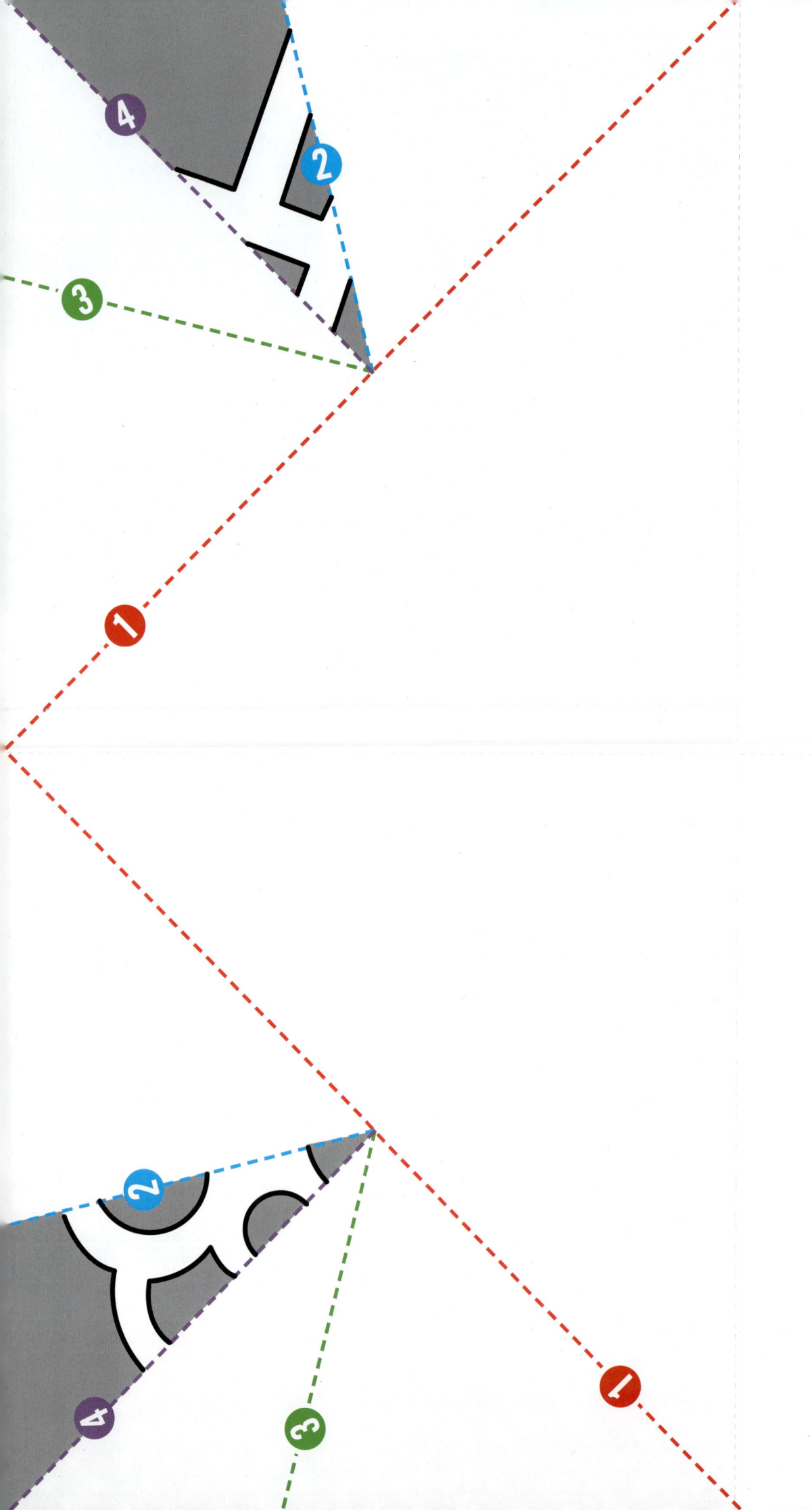

128쪽
입니다.

절취선

← 사각형 **1**

← 삼각형

← 사각형 **2**

← 삼각형

절취선

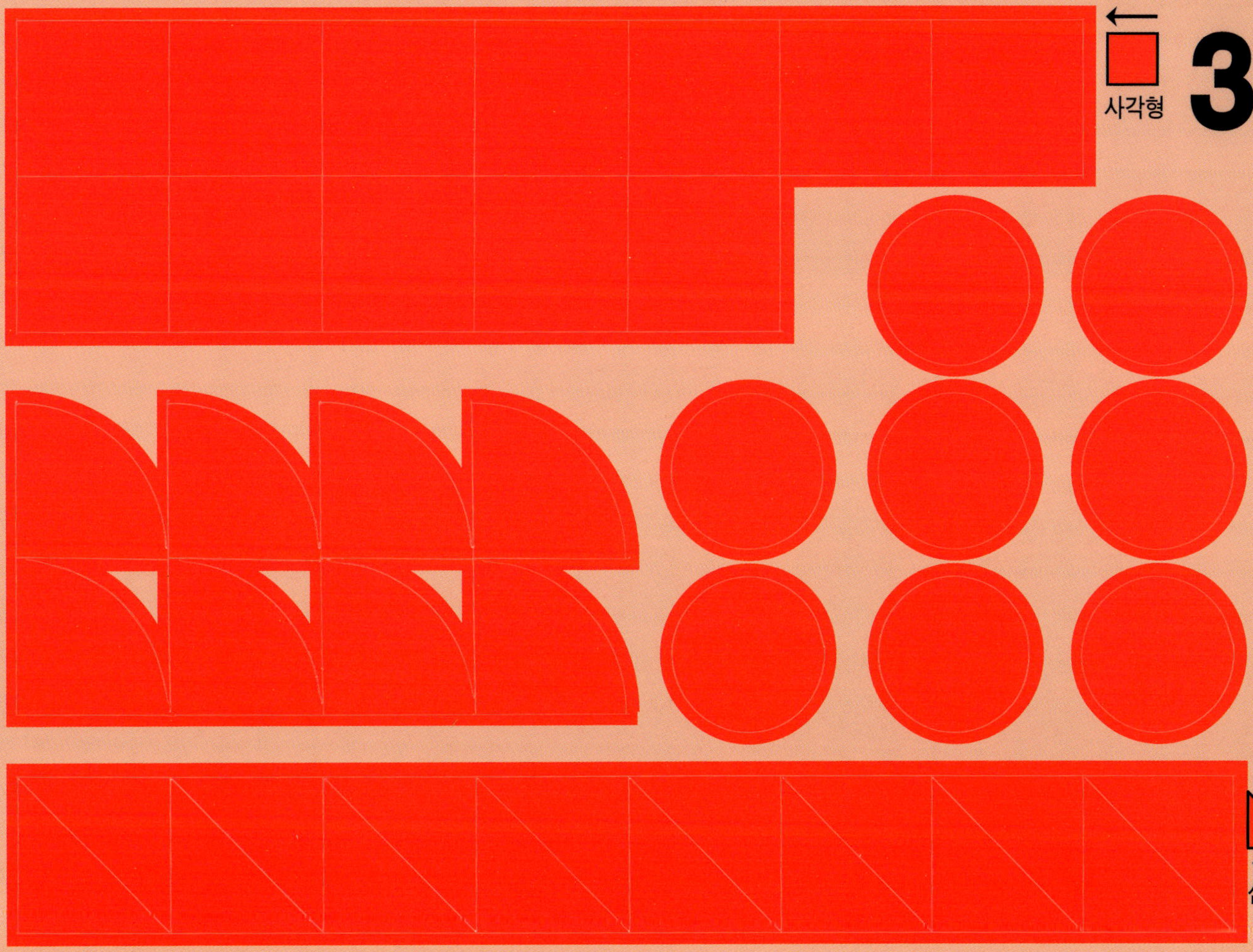

← 사각형　**3**

← 삼각형

← 사각형　**4**

← 삼각형

절취선

사각형 5

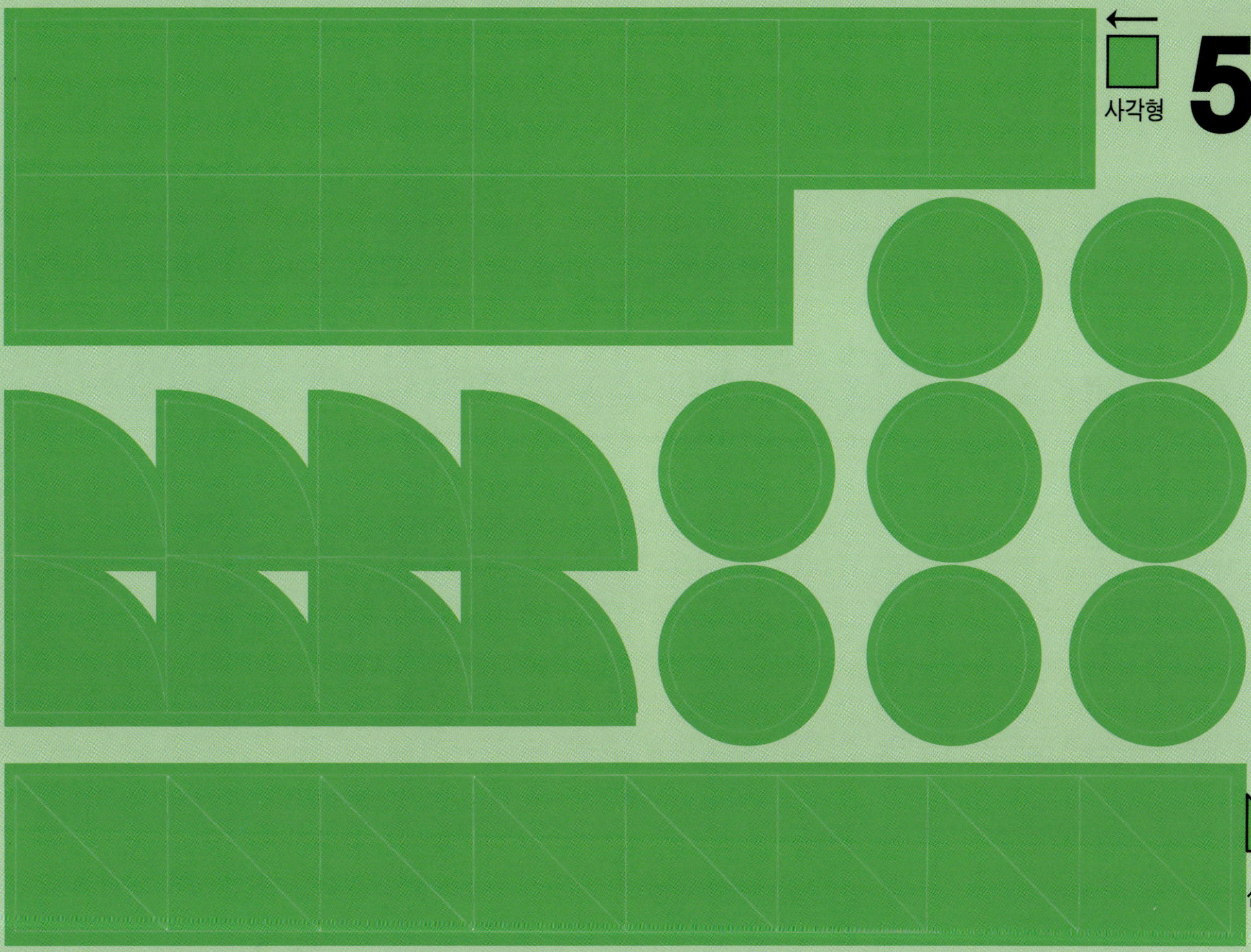

삼각형

사각형 6

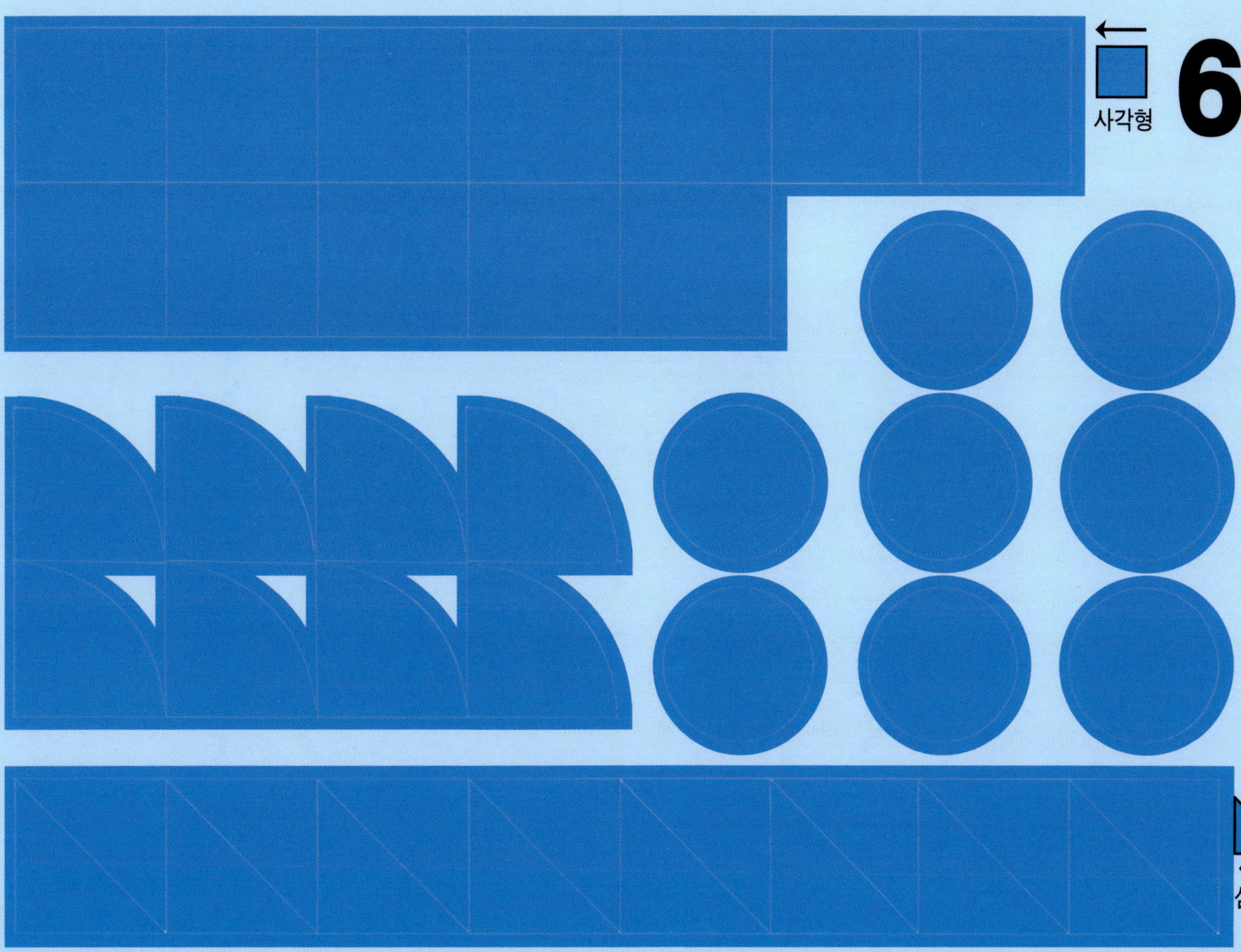

삼각형

절취선

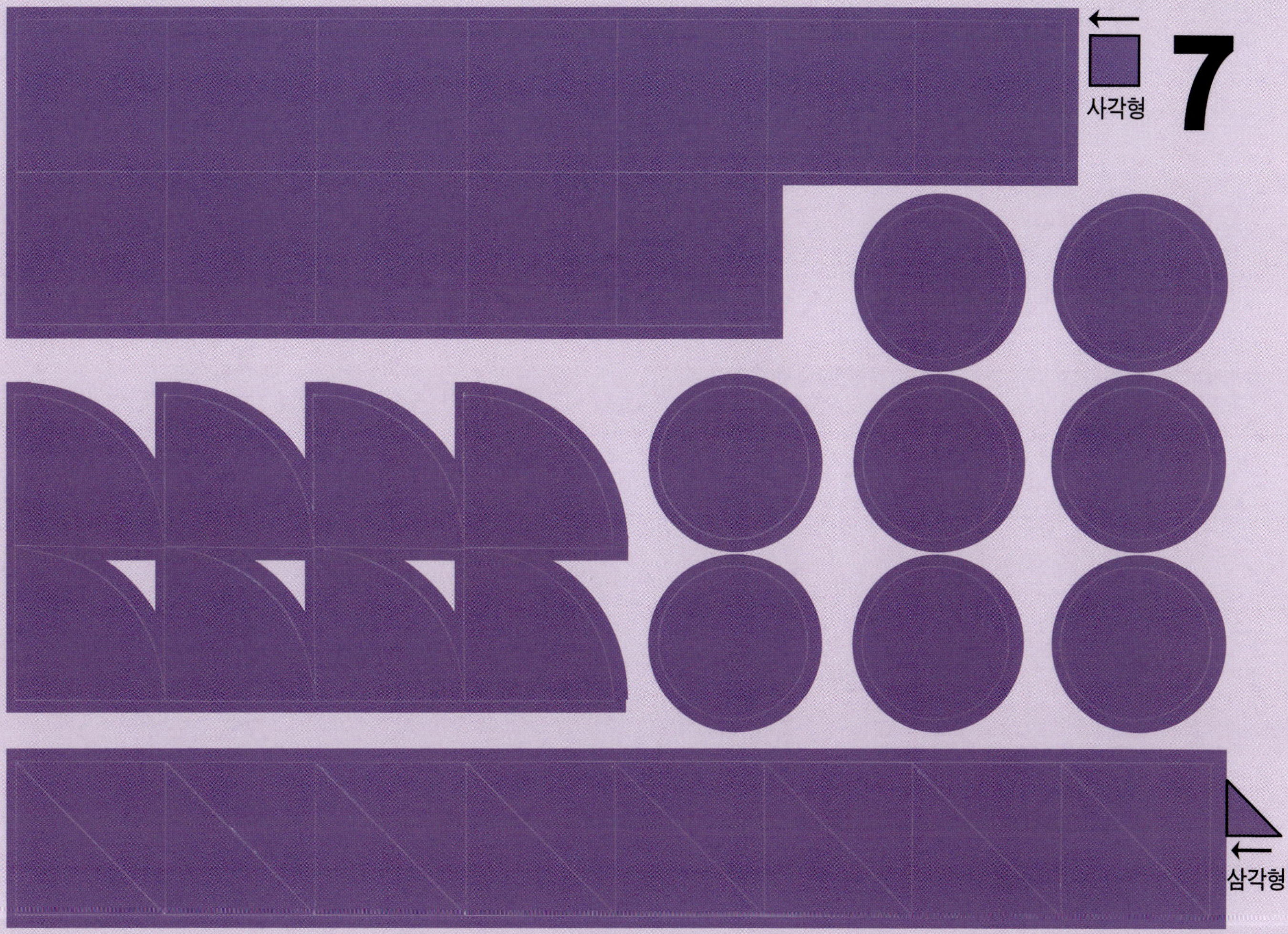

← 사각형 **7**

← 삼각형

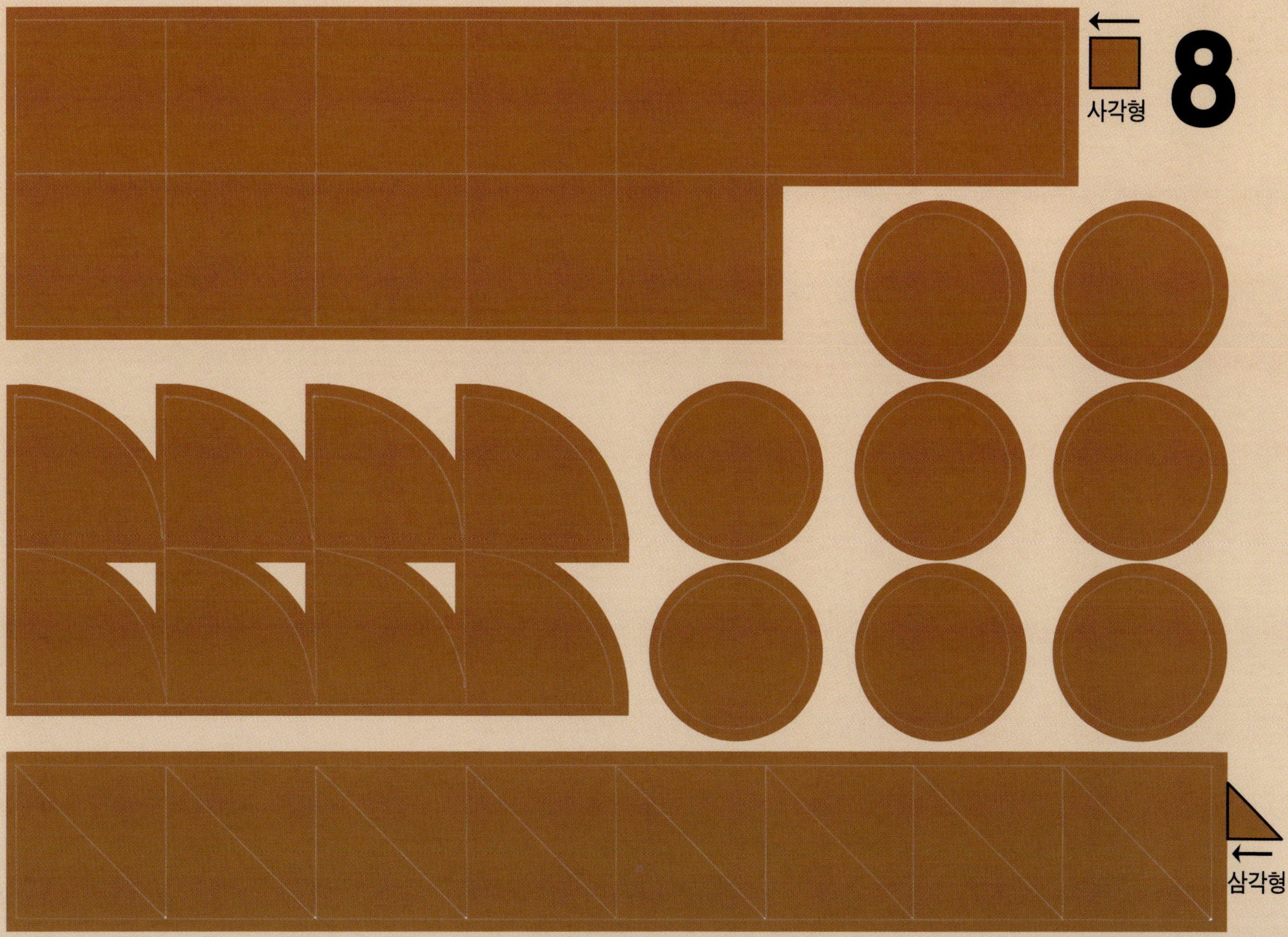

← 사각형 **8**

← 삼각형